新 手 从 零 开 始 学 系 列

行政经理

新创企业
管理培训
中心

组织编写

日常管理·会务管理·文化建设·后勤事务

化学工业出版社

·北京·

内容简介

《行政经理：日常管理·会务管理·文化建设·后勤事务》一书全面而深入地探讨了行政经理在企业管理中的核心职责与实际操作。全书共八章，从宏观的行政管理体系构建到微观的日常接待、文件、会务、文化、安全、资产及后勤管理，内容详尽而实用。

本书旨在帮助有志于从事行政管理工作的读者全面理解行政经理的工作范围与核心职责，掌握高效的管理方法和策略，从而更好地规划职业道路。

本书采用模块化设置，循序渐进地引导读者从基础知识到实际操作，既适合初学者入门，也适合有经验的行政经理提升管理技能，是一本非常实用的行政管理工作手册和工具书。

图书在版编目（CIP）数据

行政经理：日常管理·会务管理·文化建设·后勤事务 / 新创企业管理培训中心组织编写 . —北京：化学工业出版社，2024.6
（新手从零开始学系列）
ISBN 978-7-122-45324-2

Ⅰ.①行…　Ⅱ.①新…　Ⅲ.①企业管理－行政管理　Ⅳ.①F272.9

中国国家版本馆 CIP 数据核字（2024）第 065100 号

责任编辑：陈　蕾　　　　　　　　文字编辑：李　彤　刘　璐
责任校对：李　爽　　　　　　　　装帧设计：溢思视觉设计／程超
E-mail: isstudio@126.com

出版发行：化学工业出版社（北京市东城区青年湖南街13号　邮政编码100011）
印　　装：三河市双峰印刷装订有限公司
787mm×1092mm　1/16　印张13¾　字数253千字　2024年7月北京第1版第1次印刷

购书咨询：010-64518888　　　　　　售后服务：010-64518899
网　　址：http://www.cip.com.cn
凡购买本书，如有缺损质量问题，本社销售中心负责调换。

定　　价：68.00元　　　　　　　　　　　　　　　版权所有　违者必究

前言

　　在现代企业管理中，做好行政管理工作是企业有效运转的重要前提，也是经营者提高企业管理水平的一个切入点。企业做好行政管理工作能够保证企业平稳、有序、健康发展，增强企业的核心竞争力。

　　企业行政管理工作纷繁复杂，看似是一些细枝末节、琐碎繁杂的"小事"，但其犹如连接企业机器的零件一般，能够驱动企业正常运营。企业行政管理主要具有三大职能：其一，管理职能，即运用某种行政管理机制有效组织企业各个部门完成相关工作；其二，协调职能，即妥善处理企业发展与现状的矛盾以及企业内部矛盾，从而保障企业有序运行；其三，服务职能，旨在保障企业其他管理制度落实到位，分担企业领导的管理负担，减少职工的工作压力。概括来讲，企业行政管理的职能框架是以管理为主干，以协调为枝干，以服务为核心。总而言之，行政管理的实质就是服务。在管理方面，企业行政管理部门承担各种行政事务，使领导和其他部门员工从繁重、琐碎的事务中解脱出来，从而集中精力、全力投入生产经营之中。因此，企业行政管理部门在管理上是领导的参谋和助手。在协调方面，行政管理部门担负着协调企业内部各部门之间，本企业与其他企业、社会机构和政府部门之间关系的重任，为给企业创造一个好的生存环境，促进企业平稳和谐发展而工作。在服务方面，行政管理部门要甘当"孺子牛"为一线服务。行政管理部门的工作，虽然不会是企业关注的中心，但会影响企业最终目的的实现。

企业行政管理在企业运营管理中起着非常重要的作用，并在很大程度上决定着企业的长期稳定与发展，诸多优秀管理者也对此进行了经验总结，需要企业行政管理人员不断学习、与时俱进。

那么，作为一名新上任的行政经理该如何做好行政管理工作，需要从哪些方面入手呢？

基于以上问题，我们组织编写了《行政经理：日常管理·会务管理·文化建设·后勤事务》一书，本书涵盖了行政管理从宏观到微观的各项工作，具体包括行政管理体系、日常接待管理、企业文件管理、企业会务管理、企业文化管理、企业安全管理、企业资产管理和企业后勤管理8章内容。

本书可以帮助有志于从事行政管理的人员全面了解行政经理的工作范围、职责、核心，确立管理方法和思路，掌握运营技巧与策略，更好地规划职业发展方向。

本书采用模块化设置，内容实用性强，着重突出可操作性，由浅入深，循序渐进，是一本非常实用的指导手册和入门工具书。

由于编者水平有限，书中难免出现疏漏，敬请读者批评指正。

编　者

目录

企业的行政管理体系，可以说是企业的中枢神经系统，它担负着企业的管理工作，推动和保障企业的技术（设计）、生产（施工）、资金（财务）、经营（销售）、发展（开发）几大块业务顺利、有效进行和相互之间的协调。

◆ 第二章　日常接待管理 ◆

对于企业来说，不可避免地需要面对各种级别、各种目的的接待工作，以迎来送往为主要内容的日常接待是企业文化的重要组成部分，是一个企业对外的窗口。接待工作不仅代表了企业的整体形象，也是企业行政管理绩效的重要体现。

◆ 第三章　企业文件管理 ◆

企业文件是企业实施管理、处理公务具有特定效力和规范格式的文书，是传达信息、发布指示、请示和答复问题，指导和商洽工作、报告情况、交流经验的重要工具。行政人员应充分了解企业文件的收发、归档方法，加强文件管理工作，尤其要重视电子文件的管理工作。

会议是企业在实施管理的过程中最常见的议事和决策方式，通过定期或不定期地召开各类会议，可以有效地促进企业内部信息的传递，是保证企业正常运行、工作顺利开展的必要手段。行政部作为会议组织与管理的归口部门，应切实做好会务管理工作。

第五章　企业文化管理

文化如水，润物无声。企业文化是企业的血脉，是企业员工的精神家园。企业文化，立足于现实需求，着眼于未来发展。21世纪是文化管理的时代，企业文化是企业的核心竞争力所在，是行政管理最重要的内容之一。

第六章　企业安全管理

企业安全管理是企业行政管理的重要组成部分，是企业安全工作的核心内容。企业安全管理水平的高低直接影响企业的生产效益和员工的安全健康。因此，如何加强企业安全管理，提高全员的安全素质，预防各类事故的发生，是行政经理必须认真思考的问题。

─────── ◆ **第七章　企业资产管理** ◆ ───────

　　企业资产是企业生产经营活动的基石，为企业的生存和发展提供源源不竭的动力。对于行政经理来说，加强企业资产管理，管好、用好企业的固定资产，就是帮助企业开源节流、创造效益。

◆　第八章　企业后勤管理　◆

　　高效且服务优质的后勤管理，能够直接提升企业的形象，增强员工的幸福感。因此，行政经理要切实做好后勤管理，以保证员工的安全、健康和便利，努力让员工满意。

行政工作认知

下面是××实业有限公司在××招聘网站上发布的一则行政经理招聘信息。

岗位职责：

1.负责公司日常行政管理工作，做好公司内外、上下的沟通协调工作。

2.负责公司会议的组织、筹备工作，做好会议记录及会议决议的督办工作。

3.负责公司公章管理、文件收发、合同及档案资料的管理工作。

4.执行公司管理制度，负责建立企业档案。

5.负责公司内部文件、会议精神、会议决议、上级公司的批示和指示等的及时传达、督促执行等工作。

6.负责公司文件收发、流转、评审工作。

7.负责公司办公环境、办公用品、办公设备的维护和管理工作。

8.负责员工劳动纪律管理和后勤保障工作。

9.负责公司车辆日常调度工作。

10.负责公司的企业文化宣传工作。

11.组织员工对标杆企业进行学习，负责制订改进措施并推进落实。

12.配合信息管理中心，推进ERP（企业资源计划）等信息化系统的建设与完善工作。

13.负责配合、协调董事会的工作。

14.负责公司对外接待及宣传工作。

15.负责公司计划管理工作的推进。

任职资格：

1.××岁至××岁，形象气质佳，全日制专科以上学历，5年以上工作经验（其中具有2年以上行政管理岗位经验）；

2.熟练使用各种办公软件，具备较好的文字功底，熟悉相关法律法规，有高度的原则性和责任感；

3.了解企业行政管理流程，能有效指导并监督下属完成部门各项工作，有大型会议或活动筹备接待经验者优先；

4.熟悉商务礼仪，具有较强的组织管理能力、人际交往能力、沟通协调能力、计划与执行能力。

从以上内容可以看出，作为一名行政经理，要懂、要做的事情可不少。

行政管理工作可以说是千头万绪、纷繁复杂。企业行政人员每天都面临着大量琐碎的事务，但这些事务只不过是行政管理这棵大树上的枝叶而已。

概括起来说，行政管理在企业中主要有管理、协调、服务三大功能。其中管理是主干，协调是枝干，服务是核心。行政管理的实质就是服务。

首先，行政部门不应只停留在有效处理日常事务的层次，还应该在公司的经营理念、管理策略、企业文化等重大问题层次上有自己的思考，并且在实际工作中加以贯彻落实，成为领导不可缺少的参谋和助手。这就要求行政部门的领导者不能做一个事务主义者，而是要做一个有思想、敢创新、有冲劲的领导者。换句话说，他不能仅仅满足于做好一个战术家，还要努力做好一个战略家。只有有思想、懂战略、敢创新、有冲劲的人才能把行政工作做得更好。

其次，行政管理者不能只简单地传达领导命令、完成领导交办的任务。行政部门应做好上与下、左与右、里与外的沟通，并在充分沟通的基础上做好协调，实现行政协调职能。

最后，行政部门应以服务为本，甘当"幕后英雄"。行政以服务于企业为最终目的，行政部门的工作永远不可能成为企业关注的中心，不仅不可能，而且不应该。因为如果一个企业关注的中心是行政部门，那只能说明这个企业的行政工作做得实在太糟糕，影响了企业各方面的工作和企业最终目的的实现，以至于引起企业的关注。

行政管理的理想境界应该是润物细无声的，它像一台自动化程度很高的机器，这头放进去原料（即任务），那头就出来成品（即结果），其中的许多曲折，都应消化在行政体系之内。

在管理上做好领导的参谋和助手，在充分沟通的基础上做好协调，在服务上扮演好"幕后英雄"的角色，是行政工作的理想境界。

第一章

行政管理体系

　　企业的行政管理体系，可以说是企业的中枢神经系统，它担负着企业的管理工作，推动和保障企业的技术（设计）、生产（施工）、资金（财务）、经营（销售）、发展（开发）几大块业务顺利、有效进行和相互之间的协调。

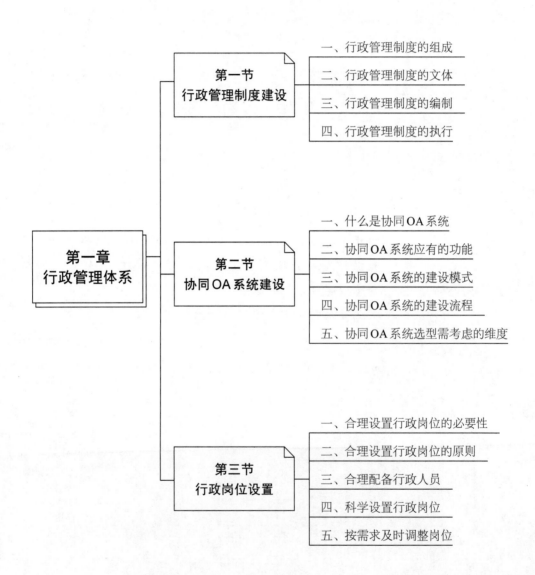

第一章
行政管理体系

第一节
行政管理制度建设
一、行政管理制度的组成
二、行政管理制度的文体
三、行政管理制度的编制
四、行政管理制度的执行

第二节
协同OA系统建设
一、什么是协同OA系统
二、协同OA系统应有的功能
三、协同OA系统的建设模式
四、协同OA系统的建设流程
五、协同OA系统选型需考虑的维度

第三节
行政岗位设置
一、合理设置行政岗位的必要性
二、合理设置行政岗位的原则
三、合理配备行政人员
四、科学设置行政岗位
五、按需求及时调整岗位

第一节　行政管理制度建设

一个成功的企业必须制定一套健全而科学的行政管理制度。企业行政管理制度是企业为求得最大效益，在行政管理实践活动中制定的各种带有强制性义务，并能保障一定权利的各项规定。

一、行政管理制度的组成

一套完整的、可操作的行政管理制度应包含以下三个要素。

① 制度基本内容。制度基本内容包括制度的制定目的、适用范围、约束条例和考核条例等。

② 制度操作流程。即依据基本内容绘制出的制度操作流程图，通常可通过Visio实现。

③ 制度操作表单。即制度基本内容与操作流程所涉及的表单，通常可用Word、Excel制作。

二、行政管理制度的文体

根据行政管理活动的特点、性质及范围大小等，行政管理制度的文体基本上可分为表1-1所示的几种。

表1-1　行政管理制度的常见文体

序号	文体	具体说明
1	章程	章程是指严格依据法律法规要求制定，规范公司行为和治理结构等方面的管理制度
2	条例	条例是规范某一类对象、某一系统（过程）、某一系列活动的综合性管理制度
3	职责	职责是针对"工作"这一特定对象制定的管理制度，包括对各管理层次，各级、各类岗位的职责与相关工作的描述
4	守则	守则是确定员工行为规范的管理制度
5	办法	办法是确定某一方面或特定对象、过程、活动的方法和要求的管理制度
6	制度	制度是规范某一方面经营、管理活动行为准则的管理制度
7	规定	规定是确定特定对象、过程、活动的规范准则的管理制度
8	细则	细则是为实施制度、规定、守则、办法而制定的更为具体的管理制度

三、行政管理制度的编制

没有规矩，不成方圆。行政管理制度不仅是企业日常运营的行为规范，也是企业出现问题后明确职责范围、寻找解决方法的依据。那么，行政经理该如何编制切实可行的行政管理制度呢？可参考图1-1所示的四个步骤来编制行政管理制度。

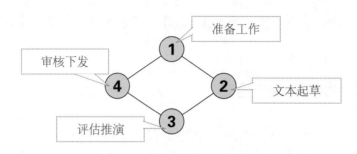

图1-1　行政管理制度的编制步骤

1.准备工作

准备工作是制定行政管理制度的基础，只有夯实基础，才能让制度更可行，更易落地。

（1）调研考察

无论企业现在是否已经有了成型的行政管理制度，日常管理工作都会有这样或那样的问题存在，调研考察其实就是"找问题"，再带着问题去执行后续的步骤。

行政经理在"找问题"时，要明确三点。

第一，找什么样的问题？行政管理工作中一般存在如图1-2所示的几方面问题。

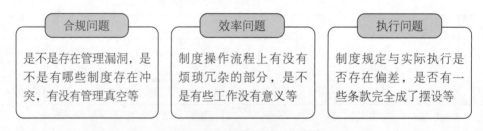

图1-2　需要找到的问题

第二，要调研谁？一般调研对象应包括如图1-3所示部门。

第三，如何进行调研？

首先，要跟接受调研的团队或负责人打好招呼，说清楚调研目的，即是来发现问题、解决问题的。

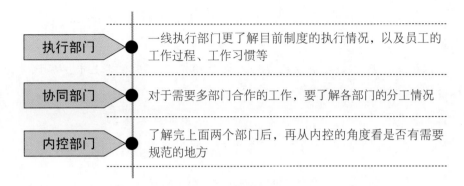

图1-3 调研对象

其次，在形式上最好选择面对面交流的形式，多听多问，不要太严肃，这样才能得到最真实可靠的第一手资料。

再次，要观察实际的工作情况，查看报表台账等书面材料，做到眼见为实。

最后，请调研对象进行书面确认，以保证其反馈的意见和建议被正确记录。如果调研对象提出好的方向和思路，也可以以此为依据对其进行表彰和奖励。

（2）分析原因

将收集来的问题统一整理分析，原则就是"根据现象，判定原因"。

要筛选出这些问题中，哪些是职责不清晰、分工不明确造成的，哪些是工作标准不清晰、工作流程不规范造成的，哪些是协同方式不明确造成的，还有哪些是执行人员能力与责任心不足造成的。

这就要求行政经理熟悉管理的逻辑和原则，确保原因分析不出现偏差。

（3）平衡解决

分析完原因之后，行政经理就要找到解决方法，但这个解决方法一定是要在衡量过"成本""效率"和"合规"这三个方面之后得出的结论（图1-4）。

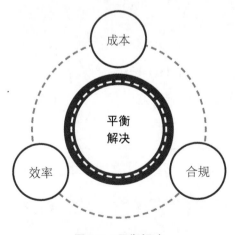

图1-4 平衡解决

当然，也要根据公司的实际情况，合理安排这三个方面的优先级。

比如，初创企业，可以将"效率"作为首要考虑因素，"成本"和"合规"的优先级可以适当靠后；如果企业已经进入发展稳定期，或准备上市，那就要优先考虑"合规"的问题了。

（4）产出成果

产出成果就是将上面所做的工作，整理成调研报告，内容如图1-5所示。

现阶段行政管理制度存在什么问题？

造成上述问题的原因主要有哪些？

针对已存在的问题，拟订了怎样的解决方案？

图1-5　调研报告的内容

调研报告要清晰准确地总结好这一阶段的所有工作，为后续的文本起草做好准备。

2.文本起草

做完准备工作，就可以着手起草行政管理制度了，有两个部分需要特别注意，一个是结构，另一个是行文。

（1）结构

完整的行政管理制度通常包括图1-6所示的六个部分。

① 综述。综述就是行政管理制度的引言部分，简单介绍本制度包含的内容。

比如：

办公区管理规定

第一条　为保证各单位办公室整洁、有条不紊，为员工提供一个良好的办公环境，特制定本规则，员工应遵照执行。

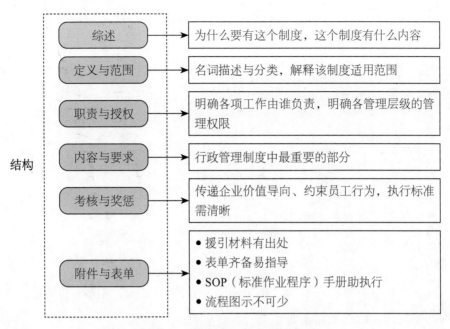

结构

综述	为什么要有这个制度，这个制度有什么内容
定义与范围	名词描述与分类，解释该制度适用范围
职责与授权	明确各项工作由谁负责，明确各管理层级的管理权限
内容与要求	行政管理制度中最重要的部分
考核与奖惩	传递企业价值导向、约束员工行为，执行标准需清晰
附件与表单	● 援引材料有出处 ● 表单齐备易指导 ● SOP（标准作业程序）手册助执行 ● 流程图示不可少

图1-6　行政管理制度的六个部分

② 定义与范围。"定义"主要是对行政管理制度中所出现的专有名词进行准确的描述，以防产生歧义。

比如：

> 一、固定资产：指单位价值在 2000 元以上，使用年限在一年以上的设备、用具、工具等，具体范围详见附注。
>
> 二、低值易耗品：不符合上述条件的劳动资料、物品等，具体范围详见附注。

"范围"用以规定制度的适用范围，是针对整个集团，还是某分公司，或是某事业部等。

比如：

> 第二条　本制度适用于管理中心、筹建处、各项目因公务需要而进行的一切对外接待工作，以及各单位之间因工作发生的相互接待工作。

③ 职责与授权。"职责"是指明确各部门的分工，谁是主导部门，谁是配合部门要规定清楚。

比如：

> 3.重要原始档案遵循"双人双控，共同管理"原则，由行政部统一管理。

"授权"就是明确各管理层级的管理权限，特别是涉及费用支出、资产处置、人员调整等重要行为时。

④ 内容与要求。这部分是行政管理制度中最重要的内容，就是将上一步骤中的"产出成果"展开，将解决方案整理成为规范化要求。

 **相关链接〈** ....

各类行政管理制度包含的内容

1.行政公文管理制度的内容

行政公文管理制度应明确行政公文管理的范围、程序、内容，具体包括以下几点。

（1）关于行政公文的起草、审核、批准、传阅（抄送）、存档和销毁的规定；

（2）不同公文的行文规范和格式要求；

（3）关于公文内容、落款和印章的规定；

（4）关于行政公文的可追溯性的规定；

（5）外来文件的管理办法，包括接收、传达、确认、落实、反馈等；

（6）行政公文管理过程要与企业文化相匹配。

2.办公用品管理制度的内容

办公用品管理制度应明确办公物品管理的范围、程序、内容，具体包括以下几点。

（1）办公用品管理的目的（目标）和任务；

（2）办公用品的范围和分类；

（3）办公用品的采购程序及供应方选择程序；

（4）关于办公用品的入库、保管、领用、更换、报废等过程的规定；

（5）关于非一次性耗用办公用品的规范化使用和节约耗材（能源）的规定；

（6）办公用品使用说明书、操作手册等附带资料的管理办法；

（7）办公用品管理过程要与企业文化相匹配。

3.档案管理制度的内容

档案管理制度应明确档案管理的范围、程序、内容，具体包括以下几点。

（1）档案管理的目的（目标）和任务；

（2）档案的范围和分类；

（3）关于档案的入档、保管、借阅、销毁等过程的规定；

（4）不同档案保存环境和期限的要求；

（5）档案管理过程要与企业文化相匹配。

4.会议管理制度的内容

会议管理制度应明确会议管理的范围、程序、内容，具体包括以下几点。

（1）会议管理的目的（目标）和任务；

（2）关于外部会议的信息收集、分类、传达，参会申请，会议反馈等过程的规定；

（3）关于内部固定会议（例会）的类型、形式，参会人员，时间，地点，会议记录，会议落实情况及效果分析的规定；

（4）关于临时会议的召开原因、类型、形式、告知方式、会议记录，会议落实情况及效果分析的规定；

（5）会议管理过程要与企业文化相匹配。

5.后勤事务控制制度的内容

后勤事务控制制度应明确后勤事务控制的范围、程序、内容，具体包括以下几点。

（1）后勤事务控制的目的（目标）和任务；

（2）后勤事务控制实施、监督、检查等的责任部门和责任人；

（3）公共环境的基础设施建设和管理应符合企业特点和实际需要；

（4）生产（经营）环境配置应当符合生产（经营）需要，符合相关法律法规，以方便企业和服务客户为原则；

（5）关于支持性设施如通信、运输（车辆）、餐饮、娱乐、安保等及相关责任人员的规定；

（6）后勤事务控制过程要与企业文化相匹配。

6.文件控制制度的内容

文件控制制度应明确文件控制的范围、程序、内容，具体包括以下几点。

（1）受控文件的类别，包括行政管理体系文件、外来文件、其他受控文件等；

（2）文件的编制、会签、审批、标识、发放、修改、回收程序，其中，对外来文件还应当有收集、购买、接收等程序；

（3）关于行政管理体系实施的相关部门、场所及其人员使用的受控文件应为有效版本的规定；

（4）关于文件的保管方式、保管设施、保存期限及销毁的规定。

7.记录控制制度的内容

记录控制制度应明确记录控制的范围、程序、内容，具体包括以下几点。

（1）行政管理过程所形成的记录的填写、确认、收集、归档、保存等程序；

（2）关于记录的保管方式和保存期限的规定；

（3）关于行政管理体系实施的部门、场所及其人员使用的受控记录表格应为有效版本的规定。

8.企业文化控制制度的内容

企业文化控制制度应明确企业文化控制的范围、程序、内容，具体包括以下几点。

（1）企业文化责任部门的建立、建设和职能，企业文化责任人的职权、职责和义务；

（2）企业文化控制的目的（目标）和任务；

（3）企业文化应符合企业特点，并有客观性、发展性、指导性、约束性、整体性、群体性、传播性和传承性；

（4）企业文化战略及实施过程和记录；

（5）企业文化理念识别系统情况，包括价值观念（核心理念）、各类经营管理理念、宣传口号，以及员工对企业文化理念识别系统的认知和认同程度；

（6）企业文化行为识别系统情况，包括组织对内、对外行为，团体对内、对外行为，个体对内、对外行为以及员工认知和认同程度；

（7）企业文化视觉识别系统情况，包括工作（生产、经营）、生活中的各类标志、色彩，体现企业特性的其他视觉识别，以及员工对视觉识别系统的认知和认同程度；

（8）企业文化理念、行为、视觉识别系统要相互匹配；

（9）企业文化贯穿于企业管理各个层面，并发挥指导作用。

⑤ 考核与奖惩。可以与责任人的绩效挂钩，也可以直接体现在其实际收入中，但是注意考核标准一定要清晰公允、易于判断。

⑥ 附件与表单。这部分就是对行政管理制度中所出现的信息进行汇总，或对某细则进行补充说明，可以是制度中所提到的表单模板，也可以是详细的SOP手册等。

比如：

第六节

第二十条　若项目单位财务体系尚未健全，其管理权限上收到筹建处。

第二十一条　具体操作详见《行政费用预算管理实施细则》。

（2）行文

行政管理制度作为具有权威性的工作指导材料，要特别注意表述方式和文件格式，其行文主要遵循图1-7所示的四条原则。

逻辑条理清晰

按照前述的六个部分进行梳理，不要出现逻辑漏洞

执行细则明确

执行步骤的描述要细致落地，让人看到就知道要怎么做

文字准确简洁

文字表述要准确，不要出现歧义；精简用词，用更少的字描述更多的内容

格式统一规范

格式要符合统一规定的体例与程序

图1-7　行文的原则

相关链接 <

行政人员应掌握的公文规范

一、文档基础格式编排

1.页面边距设置（A4纸）

公文页边距应为：上边距37mm±1mm，下边距35mm±1mm，左边距28mm±1mm，右边距26mm±1mm。

2.正文行距

正文大标题及正文行间距一般设为固定值28磅，且段前、段后间距应设置为0。

3.页码

页码一般用4号半角宋体阿拉伯数字，编排在公文版心下边缘之下，数字左右各放一条一字线；一字线上距版心下边缘7mm。单页码居右空一字，双页码居左空一字。

公文的版记页前有空白页的，空白页和版记页均不编排页码。公文的附件与

正文一起装订时，页码应当连续编排。

4.标题

一般用2号小标宋体字，不加粗，分一行或多行居中排布；回行时，要做到词意完整，排列对称，长短适宜，间距恰当，标题排列应当使用梯形或菱形。

5.正文字体

正文字体一般为3号仿宋体字，不加粗，每个自然段首行左空二字，回行顶格。

文中结构层次序数依次可以用"一、""（一）""1.""（1）"标注；一般第一层用黑体字、第二层用楷体字、第三层和第四层用仿宋体字标注。

6.附件

如有附件，在正文下空一行左空二字编排"附件"二字，后标全角冒号和附件名称。如有多个附件，使用阿拉伯数字标注附件顺序号（如"附件：1.××××"）；附件名称后不加标点符号。附件名称较长需回行时，应当与上一行附件名称的首字对齐。

如：

××× （文章标题：2号小标宋体）

一、×××（一级标题：3号黑体）

（一）×××（二级标题：3号楷体）

1.×××（三级标题：3号仿宋体）

（1）×××（四级标题：3号仿宋体）

×××××××（正文：3号仿宋体）

附件：1.×××

 2.×××（与上一行对齐）

二、序号使用规范

一般情况下，第一层为"一、二、三、"；

第二层为"（一）（二）（三）"；

第三层为"1.2.3."；

第四层为"（1）（2）（3）"。

如果层次较多，可根据文章的分量，或者在上述层次序号之前适当选用"第一篇""第一章""第一节""第一部分"等，或者在上述序号之后适当增设"A.""a.""（a）"。

三、数字使用规范

汉语数字通常是指"一、二、三、四、五、六、七、八、九、十"及其大写"壹、贰、叁、肆、伍、陆、柒、捌、玖、拾"。

1.数字作为词素构成定型的词、词组、惯用语、缩略语或具有修辞色彩的语句。

如:"十二五"规划、二万五千里长征、三心二意、零点方案、第三季度、十六届四中全会等。

2.邻近的多个数字(一、二……九)连用,表示概数,连用的多个数字之间不应用顿号隔开。

如:七八十种、一千七八百元、五六万套、七八个、十五六岁等。

3.星期几一律用汉字。

如:星期一、星期二、星期六等。

4.中国历史纪年、干支纪年、夏历月日、各民族非公历纪年等,均使用汉字。

如:万历十五年、八月十五中秋节、正月初五等。有时为了表达得更加明白,可以在它们的后边括注公历纪年。

5.用月日简称表示事件、节日或其他特定意义的词组,应用汉字数字。如果涉及一月、十一月、十二月,为避免歧义,要将表示月和日的数字用间隔号"·"隔开,并外加引号。

如:"一·二八"事变(1月28日)、"一二·九"运动(12月9日)等。

涉及其他月份时,不用间隔号;是否使用引号,视情况而定。

如:五四运动、五一国际劳动节、十一国庆节等。

6.用"几、多、余、左右、上下、约"等表示约数时,使用汉字数字。

如:几千年、百多次、十余年、八万左右、三十上下、约五十人等。

如果文中出现一组具有统计意义和比较意义的数字,用"多、约"等表示约数时,为保持局部体例上的一致,其约数也可以使用阿拉伯数字。

如:该省从机动财政中拿出近2000万元,调拨钢材3000多吨、水泥3万多吨、柴油1400吨,用于农田水利基本建设。

四、标点符号使用规范

1.标点符号使用原则

(1)中文语句的标点符号,均应该采取全角符号,这样可以与全角文字保持视觉的一致。

(2)如果整句为英文,则该句使用半角标点。

（3）句号、问号、叹号、逗号、顿号、分号和冒号不得出现在一行之首。

（4）标点符号（如句号、逗号、顿号、分号、冒号）一般不得出现在标题的末尾。

2.顿号的使用

（1）标有引号的并列成分之间、标有书名号的并列成分之间通常不用顿号。若有其他成分插在并列的引号之间或并列的书名号之间（如引语或书名号之后还有括注），宜用顿号。

易出现多个书名号或引号并列时使用顿号分隔的错误。

如：

规范的	不规范的
我小时候喜欢看《一千零一夜》《格林童话》《安徒生童话》	我小时候喜欢看《一千零一夜》、《格林童话》、《安徒生童话》
办公室里订有《人民日报》（海外版）、《光明日报》和《时代》周刊等报刊	办公室里订有《人民日报》（海外版）《光明日报》和《时代》周刊等报刊
加强"警务室""护学岗""安全岗"建设	加强"警务室"、"护学岗"、"安全岗"建设

（2）易出现书名号内用顿号表示停顿的错误。在书名号内表示停顿时应用空格。

如：

规范的	不规范的
《××省物价局　××省财政厅关于××市建制镇城市基础设施配套费征收标准的批复》	《××省物价局、××省财政厅关于××市建制镇城市基础设施配套费征收标准的批复》

3.句号的使用

（1）易出现在图、表说明文字末尾使用句号的错误。图或表的说明文字，中间可用逗号，但末尾不用句号。即使有时说明文字较长，前面的语段已出现句号，最后结尾处也不用句号。

如：

规范的	不规范的
注：以上各项数据统计截至2022年12月31日。城市人口指常住户籍人口，规模工业企业个数统计为新口径	注：以上各项数据统计截至2022年12月31日。城市人口指常住户籍人口，规模工业企业个数统计为新口径。

（2）易出现二级标题在换行分段情况下使用句号的错误。二级标题在换行分段时不使用句号，如使用句号则不需要换行分段。

如：

规范的	不规范的
（一）整合监管职能和机构 为减少监管环节，保证上下协调联动……	（一）整合监管职能和机构。 为减少监管环节，保证上下协调联动……
（一）整合监管职能和机构。为减少监管环节，保证上下协调联动……	

4.分号的使用

易出现在并列分句中使用句号后再使用分号的错误。分项列举的各项或多项已包含句号时，各项的末尾不能再用分号。

如：

规范的	不规范的
一是养老保险安置。对进入企业工作的失地农民要同企业员工一样纳入企业职工基本养老保险。二是医疗保险安置。城镇居民医疗保险制度已建立，可参加城镇居民医疗保险	一是养老保险安置。对进入企业工作的失地农民要同企业员工一样纳入企业职工基本养老保险；二是医疗保险安置。城镇居民医疗保险制度已建立，可参加城镇居民医疗保险

5.连接号的使用

在标示数值和起止年限时使用连接号。标示时间、地域的起止一般用一字线（占一个字符位置），标示数值范围起止一般用浪纹线。

如：

规范的	不规范的
2017—2018	2017-2018
3～5年内	3-5年内

6.括号的使用

易出现同一形式括号套用的错误。同一形式的括号应避免套用，必须套用括号时，应不同的括号形式配合使用。

如：

规范的	不规范的
围绕政府半年工作开展回头看，认真总结上半年工作，科学谋划下半年工作。【责任单位：各镇（街道）】	围绕政府半年工作开展回头看，认真总结上半年工作，科学谋划下半年工作。（责任单位：各镇（街道））

7.附件名称后标点的使用

易出现附件名称后使用标点符号的错误。附件名称后不用任何标点符号。
如：

规范的	不规范的
附件：1.××领导小组成员名单 　　　2.活动报名表	附件：1.××领导小组成员名单； 　　　2.活动报名表。

3.评估推演

评估推演其实就是"纸面演习"的过程，这需要多个部门共同参与。

一般情况下，可先由执行部门按照新编的行政管理制度进行演习，评估可行性和落地性。然后，协同部门参与评估，并着重关注制度中关于分工合作的部分是否合理，是否可以正确执行。接着由内控部门来核查新制度的合规性，检查其中是否有管理漏洞。

最后汇总三个部门的意见，由制度编写团队对制度进行修订，再通过书面形式交由上述三个部门确认，完成评估推演闭环。评估推演的步骤如图1-8所示。

图1-8　评估推演的步骤

4.审核下发

经过上述三个步骤后，行政管理制度就已经成型了，接下来就是按照公司的文件下发流程进行审核下发。

制度编写团队可以在发起审批流程时，备注一些必要的信息说明，便于后续领导审核时能快速了解本制度的目的及内容，使流程快速通过。

信息说明具体可以参考以下四个方向：

①本管理制度是针对哪项工作制定的，明确了哪些工作和要求。

②本管理制度已通过考察调研、内部评估推演，各管理部门已达成一致。

③ 本管理制度为试行稿，将在某时间段内、某试点单位进行试行。

④ 后续将根据执行情况进行修订。

四、行政管理制度的执行

制定了行政管理制度，还需要贯彻执行，才能发挥它的作用。

1. 制度的贯彻

制度下发一周之内，各相关专业管理部门要组织相关人员学习和贯彻执行。需要制定具体的实施细则的，应在15个工作日内完成。

2. 制度的培训

行政管理制度下发前，制度责任人要编写制度培训教案和培训计划，填写制度培训计划表，并提交行政部。在制度下发后15天内，行政部应会同制度责任部门对相关人员进行培训。

🔍 【实战工具01】▶▶▶ ---

制度执行情况检查计划及制度培训计划表

制度责任人		
	检查时间	检查内容
制度执行情况检查计划	制度下发后第一月	（1）是否出台实施细则 （2）制度出台是否按流程进行 （3）制度档案建设情况 （4）相关部门人员对制度的掌握情况 （5）制度培训情况 （6）制度本身存在哪些问题 （7）制度执行中存在哪些问题
	第二月	与上月检查结果相比，执行情况是否有所改进
	第三月	与上月检查结果相比，执行情况是否有所改进
	第六月	（1）检查：对执行情况进行全面检查 （2）评审：行政部对本制度执行情况进行专项评审
	第九月	对执行情况进行全面检查
	第十二月	对执行情况进行全面检查

续表

	培训时间	培训人	拟培训单位
培训计划			

3.制度的试行

任何一项制度都不可能一经制定就能完美执行，所以需要有"试点试行"的过程。

行政管理制度制定后，可规定6～9个月的试行期，试行期内不将制度的执行纳入考核，给大家一个缓冲时间，在试行结束前3～4周统计制度的执行情况和问题，进行新一轮的修订后再正式实施。

正式实施后，也要根据企业的发展情况进行定期修订。如果企业稳定运行，变化不大，修订周期可以设置为2～3年，如果企业正处在快速发展阶段，修订周期可以控制在1.5～2年。

比如，某集团性企业（在全国22个城市有49家分支机构）的行政采购管理制度执行实施的时间就有2年。

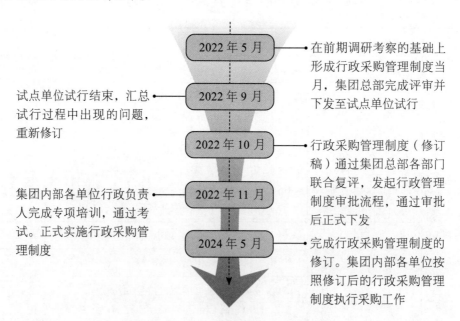

试点单位试行结束，汇总试行过程中出现的问题，重新修订

2022年5月 —— 在前期调研考察的基础上形成行政采购管理制度当月，集团总部完成评审并下发至试点单位试行

2022年9月

2022年10月 —— 行政采购管理制度（修订稿）通过集团总部各部门联合复审，发起行政管理制度审批流程，通过审批后正式下发

集团内部各单位行政负责人完成专项培训，通过考试。正式实施行政采购管理制度

2022年11月

2024年5月 —— 完成行政采购管理制度的修订。集团内部各单位按照修订后的行政采购管理制度执行采购工作

4.制度的执行

各级人员必须严格执行相关制度，各部门在检查制度的执行情况时，必须记录所

有环节，且记录一定要真实、全面，将其作为检查、督导和明确责任的依据。

在制度执行过程中，遇到特殊情况，也要妥善处理。

① 在制度的执行过程中，如果制度脱离实际、难以落实，各部门相关责任人要及时与制度起草部门或行政部书面沟通，如无这种情况，相关责任人就要对制度在本部门的落实负责。

② 在制度的执行过程中，如果发生重大情况，确实不能按制度执行，制度的执行部门或相关部门必须履行请示报批程序，经制度责任人同意后可灵活处理，并要详细记录，存档备查。

5.制度落实情况的检查

① 相关责任人在下发行政管理制度时，应附一年内制度执行情况的检查计划。制度下发执行前三个月，制度责任人每月都要对各相关部门的制度执行情况进行全面检查；制度下发三个月后，起草部门至少要每三个月检查一次制度的落实情况，每次检查时都要填写制度检查（制度评审）报告单或形成书面报告，交给制度管理部门。

② 制度检查主要内容包括制度是否得到严格贯彻执行，制度本身存在什么问题。

【实战工具02】▶▶ -

制度检查（制度评审）报告单

制度检查（制度评审）报告单			
制度名称		检查（评审）人	
制度编制单位		检查（评审）时间	
发布时间		检查（评审）方式	
检查（评审）意见 （此部分可另附材料）	制度执行存在的问题：		
	制度本身存在的问题：		
	改进建议：		

续表

评审结果	结论	1.建议继续使用_____； 2.建议修改（编制）后使用_____； 3.建议换版（编制）后使用_____； 4.建议废止_____； 5.建议编制配套实施细则后使用_____； 6.建议与_____制度归并； 7.其他建议。	评审人员：（签名） 时间：___年___月___日
	确认	制度编制单位确认： 编制单位主管：_____ 时间：___年___月___日	行政部确认： 主管：_____ 时间：___年___月___日

第二节　协同OA系统建设

对于企业来说，在这个信息资讯爆炸的现代社会，拥有一套整合企业内部和外部各种人、财、物、信息资源，提升管理水平和办公效率，增强企业竞争优势的办公自动化系统，显得尤为重要。

一、什么是协同OA系统

办公自动化（Office Automation，简称OA），是将计算机技术、通信技术等现代化技术与传统办公方式相结合，进而形成的一种新型办公方式。

协同OA系统突破了原有OA系统仅仅是企业办公的一种工具的约束，随着计算机技术、通信技术和网络技术的突飞猛进，协同OA系统越来越表现为一种有思想、有模式的"懂管理"的软件系统。

二、协同OA系统应有的功能

协同OA系统因其用户多，部署推广容易，并能提高企业的办公效率和管理水平，从而成为构建企业信息空间的第一软件系统。

那么，优秀的协同OA系统应具备哪些功能？具体如图1-9所示。

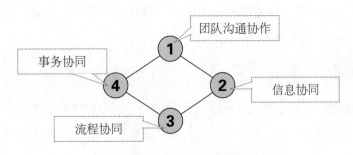

图1-9　协同OA系统应具备的功能

1.团队沟通协作

① 给企业各级领导、管理人员与广大职工提供人与人、团队与团队之间的多种沟通渠道。

② 提供视频会议、在线交流、电子邮件、网上传真、手机短信等通信功能与实用的文件快速传递的功能。

③ 延续多种传统沟通形式：请示汇报、指示、约见以及留言等。

④ 辅助企业文化建设：如单位总体级论坛与部门级论坛的建设等。

2.信息协同

追求在企业范围内各种信息的一次录入，重复利用。将分散的信息关联组织起来，从海量信息中找出价值信息。

① 以文档为中心，知识库为基础，不断积累全部员工的技术、业务知识和经验。

② 与财务、ERP、EHR（人力资源管理）等系统交换信息，发布企业信息、行业新闻以及部分必要的互联网信息等。

③ 提供强大的搜索引擎，挖掘企事业单位内部与外部互联网中零散而海量的信息。

3.流程协同

把企业中的各种跨地域、跨组织、跨应用流程以及人员相关、业务相关流程进行连接、嵌套、整合，构造一个完整的流程体系。

① 实现企业本部、股份公司以及下属分公司之间的跨组织流程，本地与异地之间的跨地域流程与财务、ERP整合的跨应用流程之间的来回跳转、嵌套。

② 协同和衔接与人员相关、业务相关的各种文件流程、行政流程、业务流程、监

控流程等。

③ 能实现连续处理、转发流程，也能自动从相关事务的任何环节中发起流程，从而实现随时随地跟进、结束和重发流程。

4.事务协同

协同OA系统必须尊重用户的日常工作习惯，以具体的某项工作事务为中心来组织各项功能，加强诸多功能之间的联动，使用户专注于事务本身而不用考虑功能的实用性。

三、协同OA系统的建设模式

企业的规模不同，协同OA系统的建设模式不同；企业处于不同的发展阶段，其协同OA系统的建设模式也可能不同。常见的协同OA系统的建设模式主要有图1-10所示的四种。

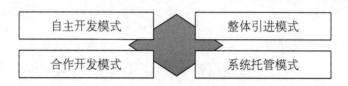

图1-10 协同OA系统的建设模式

1.自主开发模式

这种模式主要依靠企业自身的力量开展协同OA系统建设，能够充分、真实地反映企业的实际业务要求，实施起来比较容易且风险较小。但由于对企业员工的素质要求较高，该模式不适合中小企业。

2.合作开发模式

这种模式是企业与系统集成商、软件公司联合进行协同OA系统建设，它可以有效规避企业在自主开发模式中存在的开发经验少、技术力量薄弱的问题。由企业人员参与开发与建设全过程，可以使系统的实用性得到保证，且系统的使用与维护也比较方便。该模式比较适合中小企业。

3.整体引进模式

该模式实际上是通过购置商品化软件实现协同OA系统建设。一般来说，商品化软件功能完善、使用方便，但价格昂贵。对中小企业来说，商品化软件中的很多功能模块根本使用不到。

据统计，购置成套商品化软件的企业，其模块使用率不足40%，浪费十分严重。由于商品化软件不是根据企业的实际需要量身定制的，容易脱离企业实际，适用性较差，项目实施风险也较大，因此该模式不适合中小企业。

4.系统托管模式

这是一种适合经济实力和技术实力都比较差的中小企业使用的协同OA系统建设模式。系统托管模式是指中小企业租用专业的软件托管服务商的融合商务平台，在该平台上实施企业信息化应用，系统建设与维护及升级工作由托管商完成。

对中小企业来说，企业协同OA系统建设成本高昂是其面临的最主要问题，系统托管模式可以很好地解决这一问题，这种模式减少了企业的费用支出，适用于所有企业，尤其是中小企业。

四、协同OA系统的建设流程

企业可以从以下三个方面建设协同OA系统。

1.充分利用资源，完善网络基础设施建设

随着网络技术的迅速发展，企业也不可避免地进入了网络信息时代。计算机网络基础设施建设是加快协同OA系统建设的前提条件，企业必须充分利用现有资源建设高速、大容量、高水平的，充分体现本企业特色的、生产过程自动化和管理现代化的计算机信息网络，从而实现资源共享。

2.分步实施，层层开展

分步实施又称渐进式实施，主要是指企业为了避免项目实施风险，使协同OA系统建设能够在平稳的状态下顺利推进，在具体实施步骤上遵循"分步实施，层层开展"的基本原则。这是中小企业实施协同OA系统建设的最佳途径。

① 中小企业进行协同OA系统建设的目的是增进信息交流，企业内的信息交流，可以通过内联网实现。企业还可以利用企业局域网实现办公自动化，以实现信息快速传递和共享的目的。

② 各种管理软件在企业的应用比较早，大多数已十分成熟，因此选用成熟的管理软件实施协同OA系统建设对中小企业来说没有任何风险。

③ 建立企业门户网站，开展电子商务业务。由于互联网在全球迅速普及，建立

企业门户网站不仅可以展示企业形象，提高企业知名度，还有助于加强企业与社会的联系。

④ 在企业管理诸多方面的条件具备的情况下，企业应建立完善的协同 OA 系统，包括生产过程控制自动化系统、管理决策信息化系统等。

企业协同 OA 系统建设是一个庞大的系统工程，从"分步实施，层层开展"的具体过程来说，对于每一步的目标，应该是"一步到位"的，而对于达成长远目标来说，应该是"循序渐进"的。

3.建立一支高素质的信息技术队伍

企业要想加快协同 OA 系统建设进程，必须采取有效措施加强技术人才的培训，通过各种方式将现代信息技术与先进管理理念、管理模式融合起来，发挥信息技术与管理手段的重要作用。

五、协同 OA 系统选型需考虑的维度

作为一款协同办公管理软件，协同 OA 系统的实施、上线不仅有助于企业完善组织管理，健全企业制度，推动企业各部门的协调发展和业务水平的全面提升，还可进一步提升企业各层级、各部门间的协作办公能力，减少沟通障碍，提高企业办公效率，加快企业信息化建设。不过面对多种协同办公系统，我们该如何选择合适的协同 OA 系统呢？可从图 1-11 所示的几个维度来综合考量。

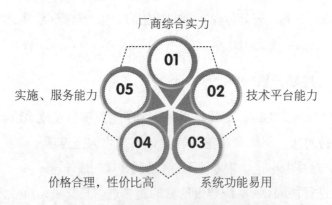

图 1-11　协同 OA 系统选型需考虑的维度

1.厂商综合实力

有实力的公司才能生产出优秀的产品，同样的道理对协同 OA 系统亦是如此。优秀的协同 OA 系统必然具有优秀的设计和技术架构，围绕企业需求和特点进行研发，

兼顾企业后续发展诉求。而品质低劣，功能单一的协同OA系统不仅本身没有价值，还会阻碍企业发展，给企业带来不可预估的经济损失。

因此，在协同OA系统选型前，企业一定要对厂商的综合实力，包括产品实力、项目经验、实施能力、技术研发能力、服务与技术支持体系、行业经验，以及厂商口碑等有充分的了解和认知（图1-12）。

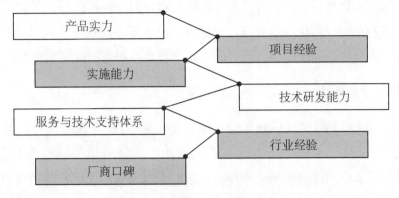

图1-12　应了解的厂商综合实力

2.技术平台能力

协同OA系统总的来说是一种办公管理软件，它的技术能力决定了它的生命力。对于协同OA系统而言，其固然和其他产品一样有它自身的特点，但技术可以说是协同OA系统的根本。如果协同OA系统选型标准滞后于技术更新情况，将导致选择系统时无标准可依据，对于企业信息化建设来说无疑是不利的。协同OA系统必须能够顺应时代发展变化，符合未来技术的发展方向。

因此，企业在选型过程中，一定要充分考虑到研发公司的技术是否具有足够的先进性，保证在一定的时期内不落后，能够满足企业长远的发展需要。

3.系统功能易用

功能性长期以来都是许多商家吸引用户的噱头。其实，较多的功能虽然一定程度上"丰富"了系统，但若功能长期闲置，不仅对用户毫无意义，还会影响到系统的稳定性。而且大多数厂商在宣传的过程中为增加用户购买率还可能会有夸大其词的现象。

因此，协同OA系统在实施初期只需要最核心的功能模块即可，其他功能模块可随着系统的实施逐步增加。当然，系统功能不仅要满足日常办公需求，还一定要易于使用，毕竟协同OA系统是给企业全员使用的办公管理软件。只有充分发挥协同OA系统的管理效能，使之与企业各级管理者及职工的工作做到较好的融合，才能更好地充分发挥其本身优势，助力企业发展。

4.价格合理，性价比高

价格是任何企业都要考虑的因素，但价格并不是产品好坏的决定性因素。协同OA系统的目的在于解决企业存在的问题，而系统价格不仅受系统技术及功能、后期服务影响，和当前市场发展现状及其他经济因素也有密切联系。

因此，在选型的过程中，企业需要做的是认清市场发展现状，以理性的眼光选择合适的系统。同样的商品比价格，同样的价格比质量。切勿将价格等同于价值。

5.实施、服务能力

协同OA系统的上线仅仅只是开始，保障企业协同OA系统的运作需要合作厂商提供良好的服务。出于整个协同OA系统稳健运转的考虑，OA厂商的售后服务保障能力同样至关重要。能否提供本地化的服务资源、未来系统出现运营故障时的响应能力和解决问题的能力、在产品升级时的技术支持能力、二次开发和系统数据整合的能力都是厂商售后服务保障能力的体现。OA厂商只有具备完善的售后服务体系，才能为企业协同OA系统建设后期的管理、维护、升级提供保障。

企业信息化建设如今变得愈加重要。协同OA系统作为企业信息化建设强有力的支持工具，为企业带来的不仅是高效的协同管理，更是管理制度的完善与办公效率的提升。因此，企业在选型时无论是产品技术、功能、价格还是服务都不容忽视，也只有选对协同OA系统才能更有效地解决企业办公难题，推动企业发展。

 **相关链接**

协同OA系统供应商服务能力评估

由于企业协同OA系统的实施并不是一蹴而就的事情，常常涉及售前咨询，实施过程中的咨询，售后维护等多方面，比起传统消费品行业，协同OA系统供应商的服务质量显得重要得多。

一般来说，衡量协同OA系统供应商的服务质量可以从以下三个方面来看。

1.售前服务

很多企业在进行协同OA系统选型时，因为缺乏实施OA项目的相关经验，往往会存有很多疑问或者顾虑。优秀的供应商应该给予这样的客户专业、中肯、真诚的售前服务，包括专业知识答疑、行业案例介绍、协助项目规划等。相反，一味地推销产品，盲目地承诺并不能给客户带来最实际的帮助。

2.售中服务

协同OA系统的开发、交付和部署为售中阶段，由于企业技术水平有限，而这一阶段常常涉及比较多的技术方面的问题，因此优秀的供应商应该提供专业、细致、真诚的售中服务，包括协助客户确定需求、协助客户进行协同OA系统的部署、培训等方面。

3.售后服务

协同OA系统的正式上线，并不代表软件供应商服务的终止，后续的维护、升级，以及深层次的应用开发等同样重要。售后服务就像是企业贴心的安全顾问，保证企业协同办公一路畅通。

第三节　行政岗位设置

为了有效整合企业资源，并发挥企业员工的创造力与智慧，让企业始终保持竞争能力，需要合理设置企业的行政岗位，从而提高企业的综合素质。

一、合理设置行政岗位的必要性

对于企业来讲，要想在激烈的市场竞争中站稳脚跟，首要任务就是采取切实措施，增强自身实力，而要想实现这一点，首先要做的便是增强人才素质，提高企业综合素养，并做好行政管理工作。在企业行政管理体系中，合理设置行政岗位对于企业的发展，有着积极意义与作用，其必要性如图1-13所示。

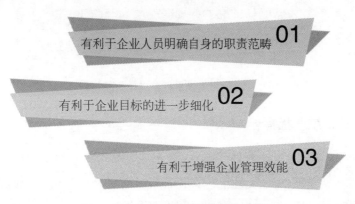

有利于企业人员明确自身的职责范畴　01

有利于企业目标的进一步细化　02

有利于增强企业管理效能　03

图1-13　合理设置行政岗位的必要性

1.有利于企业人员明确自身的职责范畴

合理的行政岗位设置能够让企业的管理者和职工明确自身工作岗位的工作内容、任务以及相关的职责范围，从而让企业行政组织中的每一个人都与自身的岗位真正对应起来，建立相关的链接，保证组织中的每一个人都能够在自身的职责范围内最大限度地发挥优势和能力，更好地实现任务目标，提升企业行政效能，更好地推动企业发展。

2.有利于企业目标的进一步细化

通过合理设置不同的行政岗位，能够将企业制定的行政管理任务目标进一步细化分解，分解为相关工作岗位的工作任务目标，这样不仅能够使企业制定任务目标的目的更加明确，而且可以全面提高企业完成任务目标的效率，对企业行政效能的提高和企业综合素质的加强具有重要的意义。

3.有利于增强企业管理效能

合理的行政岗位设置能够让企业员工明确自己所在岗位的职责范畴，这样企业管理者就可以根据明确的岗位职责范畴对企业员工进行管理和人力资源优化，从而大幅度提高企业管理的工作效率，增强企业管理效能。

二、合理设置行政岗位的原则

不同的企业有着不同的任务和不同的特点，企业行政组织的设计和安排也应有所不同。但是，要想使企业行政组织有效地发挥其功能，使其工作在实施中达到效果，必须建立和设计合理的岗位，对人员进行合理的配备。一般来说设置行政岗位应遵循图1-14所示的基本原则。

图1-14　合理设置行政岗位的原则

1.目标一致，统一指挥

设置企业行政岗位时须秉持"目标一致，统一指挥"的原则。

目标一致是企业首先需要关注的内容，详细来看，企业在进行行政管理工作的时候，上级和下级之间要做到信息传递和反馈及时准确，在具体工作岗位之间和公司内部员工之间，要实现相互协作与配合，所以在设置企业行政岗位时只有做到目标一致，统一指挥，才有助于企业行政管理具体工作和业务岗位之间的各项工作有序开展。

统一指挥原则要求企业行政管理体系内部的工作和业务目标要绝对服从公司和部门整体的经营战略。在具体工作的开展中，企业行政管理体系内部的员工只有一位直接上级对具体工作进行管理和指导。

2.分工合作，信息畅通

设置企业行政岗位时需要将各项工作进行详细划分，同时保障各岗位员工间沟通畅通，也就是秉持"分工合作，信息畅通"的原则。

企业设置行政岗位能够帮助企业更好地完成工作目标。将各项工作进行细化，可以高效率地发挥公司内部职员在各自岗位上的积极性和主动性，有效减少岗位职责不清、人浮于事、一岗多人导致的办公效率低下情况的发生。因此合理设置企业行政岗位应遵循分工合作原则，根据企业经营发展目标将行政管理组织中的主要工作进行分类和排序，明确具体工作的权利义务范围和个人绩效目标。

同时，设置企业行政岗位要遵循信息畅通原则，实现各个岗位之间相互配合，确保行政管理工作在系统管理中稳步推进而不是孤帆冒进，保证员工协作开展工作，减少失误，提升效率。

3.层级合理，精干高效

设置企业行政管理岗位的时候还需秉持"层级合理，精干高效"的原则。企业要在清晰界定各行政管理层级的管理界面、管理职责权限、管控深度和经济关系的基础上，建立各个管理层级的工作清单和责任矩阵，最大限度提升行政管理效能。同时，应在厘清各管理层级管理职能的前提下，本着"不重复、不冲突、不增加工作量"的思路，重点研究项目内部管理层级，建立一套精干高效、科学合理、规范主要业务、充分满足本单位行政管理需要的层级体系。在企业行政管理岗位的设置过程中，局部目标要服从整体目标，行政岗位的设置也要根据企业的整体岗位来调整。

另外，需要注意的是，企业合理设置行政岗位应遵循精干高效原则。行政管理层级具体效果的发挥需要精干高效的人员与各自岗位高效结合，这样既符合部门工作开展的需要，又能满足公司的持续性发展需求。

三、合理配备行政人员

合理设置企业行政岗位的首要要素就是要对企业行政人员进行确定。

1.人员的数量要求

在行政人员数量方面，根据企业管理制度的一般规定，企业组织中行政人员数量一般占该企业组织总人数的10%左右。也就是说，如果企业有400人，那么合理的企业行政人员应该在40人左右。

2.人员的素质要求

首先，行政人员除了具有一定的专业知识能力以外，还要具有较为丰富的相关经验，以便更好地开展相关工作。

其次，行政人员需有良好的服务态度，以及敬业精神。企业的行政管理工作，大多是比较烦琐且重复性的工作，只有树立积极为其他员工服务的工作态度，以及高尚的敬业精神，方能将本职工作做好，将各种小事做好，这样才有助于企业行政管理效率、质量与水平的提升，才能推动企业综合素质的提高。

再次，行政人员要有较强的责任心及全局观念。需要指出的是，企业的行政管理工作多为日常性工作，企业领导难以做到每日均能完成工作任务，所以，要求行政工作人员将工作主动性发挥出来，积极承担工作任务。

最后，行政人员的适应力与应变力要强。企业行政管理的结构，可能因企业经营状况的变化，而随之发生改变，且还会经常遇到一些突发情况，对此，行政人员要具备良好的适应能力，这样才能胜任行政管理工作。

四、科学设置行政岗位

岗位的数量和人员的数量不是一个概念，岗位设置之后，每个岗位的人员数量需要根据企业的实际情况进行确定。岗位的设置一定要做到全面合理，并且有利于企业资源的优化整合。

首先，要明确的一点是要根据工作任务的饱和度对每个岗位的员工数量进行合理的安排，让企业行政管理体系中的各个岗位都达到饱和，这样不仅能够保证企业资源的有效配置，而且能够杜绝人浮于事的现象。

其次，要根据工作环境的变化合理地调整行政岗位。岗位的设置不仅要受到工作量的制约，而且工作条件和环境的变化也会对其产生影响，如随着计算机、互联网的广泛使用，文员类的岗位就应当相应地减少。

最后，每个企业的行政管理职能是不同的，但是一般来说，行政管理职能大都包含制度制定、资产控制、后勤服务、基本建设以及文档、会议管理等方面，在对行政岗位进行设置时，要了解各个岗位的行政管理职能，根据职能对岗位进行有效设置。

五、按需求及时调整岗位

企业行政人员被安排到相应岗位之后,还要根据实际需求进行调整。企业在开展行政管理工作时,可能会存在一些行政人员学非所用,或者部分行政人员的特长没有发挥出来,在行政管理工作中没有协作精神等状况。诸如此类状况的出现,将会导致行政人员的情绪、工作效率出现变化,时间一长还可能引发企业行政管理领域的一些问题出现,妨碍行政管理工作有序健康开展。

因此,企业根据工作条件和环境的变化及时调整企业行政岗位是必须的。除此之外,企业行政管理岗位还应展现激励、竞争效用,使行政人员在良好的工作氛围中工作,确保所有岗位的员工是最优的状态。

相关链接

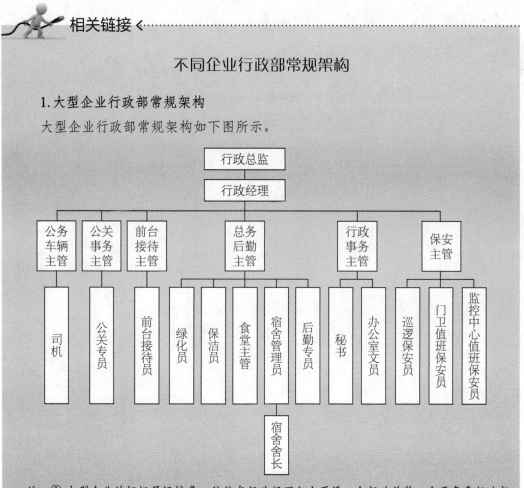

不同企业行政部常规架构

1.大型企业行政部常规架构

大型企业行政部常规架构如下图所示。

注:① 大型企业的组织层级较多,往往在行政经理之上再设一个行政总监,全面负责行政部的各项事务。

② 大型企业往往设有专门的前台接待主管和前台接待员负责接待事务,同时由于人员较多、公务繁忙,往往会设有公务车辆主管,由其负责多位司机的管理工作。

2.中小型企业行政部常规架构

中小型企业行政部常规架构如下图所示。

注：① 根据《中小企业划型标准规定》："从业人员1000人以下或营业收入40000万元以下的为中小微型企业。"也就是本书所指的中小型企业。

② 中小型企业行政部层级较少，职责较为明确，其与相关部门之间的沟通比较简单。

第二章

日常接待管理

对于企业来说，不可避免地需要面对各种级别、各种目的的接待工作，以迎来送往为主要内容的日常接待是企业文化的重要组成部分，是一个企业对外的窗口。接待工作不仅代表了企业的整体形象，也是企业行政管理绩效的重要体现。

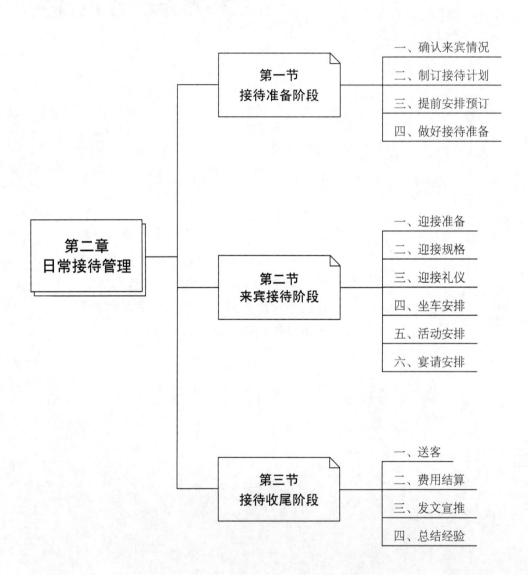

第二章
日常接待管理

第一节
接待准备阶段

一、确认来宾情况

二、制订接待计划

三、提前安排预订

四、做好接待准备

第二节
来宾接待阶段

一、迎接准备

二、迎接规格

三、迎接礼仪

四、坐车安排

五、活动安排

六、宴请安排

第三节
接待收尾阶段

一、送客

二、费用结算

三、发文宣推

四、总结经验

第一节　接待准备阶段

接待工作是行政人员日常事务中的一项常态化工作，要想做好这项工作，全面的接待准备工作是先决条件。

一、确认来宾情况

1.确认来宾信息

要确认的信息包括来宾名单及来宾各项身份信息（人数、性别、职位等），来宾到达时间和地点及迎接时的要求，来宾背景及需要公司配合的方面。

2.确认来访目的

要明确来宾来访的目的，以便在此基础上合理地、有针对性地制订接待计划。

比如，政府部门来访的目的——审查资质；合作伙伴来访的目的——参观厂区和了解公司业务等。

明确来访目的，接待过程才能高效，顺利。

3.了解来访状况

来访状况包括来宾的会见和参观意愿、参观路线和交通工具、抵达和离去的时间及方式、来宾的生活饮食习惯及禁忌等。

小提示

行政人员一定确认好来宾对于接待的要求，尤其是特殊的要求，比如是否需要准备特别菜式，对于衣食住行等有没有特殊的要求等，应尽力满足对方要求，避免出现尴尬。

二、制订接待计划

完整的接待计划应包括接待规格、接待日程安排、接待费用预算等信息。

1.确定接待规格

接待规格是指根据主陪人与主要来宾职位的高低，采用不同的接待方式。企业接待规格有高规格接待、对等接待、低规格接待，具体如表2-1所示。

表2-1　接待规格分类

序号	接待规格	内涵	具体说明
1	高规格接待	主陪人比主宾职位高的接待	表明接待方对被接待方的重视和友好，适用于比较重要的接待。常用于以下几种情况：一是上级领导机关派工作人员来检查工作情况，传达指示；二是平行单位派工作人员来商谈重要事宜；三是下级机关有重要事情请示；四是知名人物或是先进人物来作报告
2	对等接待	主陪人与主宾职位相当的接待	这是最常用的接待规格
3	低规格接待	主陪人比主宾职位低的接待	常用于基层单位，如上级领导来视察工作，来宾来访目的是调研、参观、考察、走访等，可作低规格接待处理。但在这种接待中要特别注意热情、礼貌，而且要审慎用之

2.拟定接待日程安排

接待日程安排是接待计划的重点内容之一，行政人员在拟定接待日程安排过程中需注意以下三个要点。

① 应根据接待工作需要和来宾来访目的、要求等拟定接待日程安排，包括：日期、时间、地点、活动内容、陪同人员等。

② 接待日程安排应当制定周全，尤其是接待活动的重要内容不可有疏漏，比如迎接、拜会、宴请、会谈、参观、游览、送行等事宜。

③ 接待日程安排还要注意时间上的紧凑，上一项活动与下一项活动之间既不能冲突，又不能间隔太长。

3.拟定接待费用预算

（1）接待费用预算项目

接待费用预算项目主要有：工作经费、住宿费用、餐饮费用、交通费用、劳务费用、纪念品费用、宣传公关费用及其他费用等。

主要包括表2-2所示的内容。

表2-2 接待费用预算项目

预算项目	详细说明
工作经费	如租借会议室、打印资料、购买文具等的费用
住宿费用	来宾和某些工作人员住宿的费用
餐饮费用	来宾和某些工作人员的餐饮费用
交通费用	来宾抵达后，出行产生的费用
劳务费用	请讲师讲课或演讲的费用、员工的加班费、服务人员的费用等
纪念品费用	为来宾准备有纪念意义或有特色的礼品所需的费用
宣传公关费用	在一些传媒上做宣传或请有关人士出席仪式、典礼等所需的费用

（2）拟定接待费用预算的要求

为保证接待费用预算合理，行政人员在拟定预算接待费用预算的过程中，应严格遵循图2-1所示的要求。

要求一	必须注意接待费用支出与接待用途及目的的一致性
要求二	接待费用预算的拟定必须符合企业相关规定，做到合情合理，节约、经济
要求三	拟定的接待费用预算必须经相关领导批准后，行政人员才能按财务手续领取经费

图2-1 拟定接待费用预算的要求

下面是××分公司关于接待总公司领导检查工作的计划，仅供参考。

范本

关于接待总公司领导检查工作的计划

一、目的

为做好总公司领导的接待工作及安全保障工作，保证接待工作顺利完成，特制订本计划。

二、接待时间

20××年5月20日至20××年5月21日。

三、接待来宾

本次重要接待的来宾共3人，即总公司董事长×××、技术部主管×××、董事长秘书×××。

四、接待地点

1.接送机地点：××××。

2.下榻酒店：××××酒店。

3.参观地点：×××、×××、×××。

4.参观地点简介（略）

五、接待负责人

本次接待工作负责人由副总经理×××、行政经理×××共同担任。

六、接待分工

（一）接待组

组长：×××（联系方式：　　　　）

副组长：×××（联系方式：　　　　）、×××（联系方式：　　　　）

成员：×××（联系方式：　　　）、×××（联系方式：　　　）、×××
（联系方式：　　　　）

（二）后勤组

组长：××（联系方式：　　　　）

成员：××（联系方式：　　　　）、××（联系方式：　　　　）

（三）宣传组

组长：××（联系方式：　　　　）

成员：××（联系方式：　　　）、××（联系方式：　　　）

（四）保卫组

组长：××（联系方式：　　　　）

成员：××（联系方式：　　　）、××（联系方式：　　　）

七、接待准备工作

（一）预订宾馆、餐厅

提前10天预订宾馆及餐厅。

（二）预订机票

至少提前3天预订返程的商务高等舱机票。

（三）会场确定及布置

1.接待会场为贵宾会议室。

2.提前45分钟清洁并布置会场，保持会场整洁有序，空气清新。

3.会场布置"热烈欢迎总公司领导莅临我公司检查"横幅。

4.正确摆放会场所需物品，调试会场活动所用到的设备（如投影仪、音响、话筒等）。

（四）联系陪同人员

根据总公司领导检查的内容及目的，确定陪同人员并及时告知其接待事宜，以便顺利沟通。检查开始前1小时，再次提醒相关人员做好接待准备。

八、日程安排

接待工作的日程安排如下表所示。

日程安排表

日期	时间	地点	活动内容	参与人员	备注
5月20日	9:00～9:30	××机场	接机	接待组	准备鲜花、接站牌，注意接待礼仪
	10:00～11:00	××酒店	安排住宿	接待组 后勤组	注意时间、注意安全，给领导提供日程表等资料
	18:00	××食府	接待领导	接待组 后勤组 宣传组	准备员工节目
5月21日	9:00	公司贵宾会议室	座谈会	所有人员	准备欢迎词、鲜花、矿泉水、报告资料，公司布置及安排
	12:00	××街	带领导吃当地特色小吃	接待组 后勤组 保卫组	注意安全
	15:00	××景区	带领导游玩，并介绍当地人文风俗	接待组 保卫组 旅游景区负责人及讲解员	注意安全
	17:30	××酒店	整理行李	接待组 后勤组	明日行程安排提醒
	19:30	××机场	送行	接待组	注意礼仪、准备好机票

九、经费预算

经费预算如下表所示。

经费预算表

序号	项目		单价	数量	金额
1	餐费	××街	200元/人	5人	1000元
		××食府	1200元/桌	3桌	3600元
2	接送车（2天）		300元/辆	1辆	900元
			150元/辆	1辆	
3	纪念品（当地特色产品）		400元/套	1套	700元
			300元/套	1套	
4	单程飞机票		800元/张	3张	2400元
5	酒店住宿费（2天）	豪华房	800元/天	1间	1600元
		单人房	400元/天	2间	1600元
6	会场布置				200元
合计					12000元

十、来宾接待

（一）迎宾

1.接机人员提前半小时到达机场。

2.接机人员确认董事长身份，准确地接到董事长一行。

3.董事长一行到达公司前10分钟，提醒相关人员做好迎宾工作。

（二）安排住宿

接到董事长一行后，接机人员尽快将其带到酒店房间，并将确定的日程表、相关参观证等交给董事长秘书，并告知下一项活动的时间、地点等。

（三）座谈会安排

座谈会主要开展以下5项工作。

1.宣讲（介绍公司近期运营情况）。

2.技术经验交流（技术人员讲解PPT、与会人员交流互动）。

3.会场服务（每20～30分钟添加茶水或视情况而定）。

4.拍照留念。

5.会后会场整理。

（四）××景区游玩

确定游玩时间、游览路线，根据游玩景点的内容，提前联系景点负责人，做好相关接待准备与安排工作，并注意做好活动的保密及安全工作。

（五）紧急事件处理

1.若出现紧急事件，接待人员应及时向上级领导汇报，不得擅自定夺。

2.若发现安全隐患或出现安全事故，接待人员应立即带领董事长一行离开原地，保证董事长一行的安全。

十一、送别来宾

1.提前安排好送行的人员及车辆，车辆要提前1小时到达董事长一行住宿的酒店，并将其安全送至返程机场。

2.送别时将准备好的礼品赠送给董事长。

3.董事长一行抵达目的地后，由副总经理打电话问候，表示关心，并询问其对接待工作的意见和建议。

十二、善后总结

（一）物资整理

及时清还租借物品，整理会场物资（除特殊情况外1小时内完成）。

（二）满意度调查

根据此次接待工作人员的反馈，了解董事长一行及公司人员对本次接待工作的满意度及改进建议。

（三）总结提升

接待完毕后，组织总结大会，以改善不足，总结经验。

（四）宣传报道

宣传人员及时制作相关文件及内部报刊，在24小时内对此次总公司领导莅临检查进行宣传报道。

（五）费用结算

接待过程中产生的费用，如礼品费、住宿费、交通费等必须索要发票并及时结算。

三、提前安排预订

1.衣食住行的预订

① 衣。准备统一的制服，如参观厂区时穿戴的防护服、头盔等。

② 食。预订接风宴的包房及来宾来访期间的餐食；需送鲜花、水果的要提前向供应商预订迎接鲜花和水果；采购茶歇。

③ 住。根据接待规格，向确定的宾馆（酒店）预订住房。

④ 行。准备迎接的车辆，可以使用公司车辆或是租赁车辆；迎接来宾时在大门入口处设置电子欢迎牌等。

2. 会议室预订

提前布置会议室；确保会议设备（如麦克风、投影仪等）无故障，会议过程中，茶歇必不可少，这也需要在确认来宾信息时，提前知道来宾喜好，避免出现来宾过敏等情况。

四、做好接待准备

接待准备包括环境准备、物质准备及心理准备。

1. 环境准备

接待的环境主要是指企业的整体环境和接待室（会客室或办公室）的局部环境。企业的整体环境要安全、整齐、洁净。接待室的局部环境一般可分为硬环境和软环境。

（1）硬环境

硬环境包括室内空气、光线、声音环境，办公设备及接待室的布置等外在客观条件。

① 空气环境，包括空气的温度、湿度、流通与味道四个因素。一般接待室温度控制在 21～28℃，室内的相对湿度保持在 40%～60%。接待室要注意通风和空气调节，保持空气清新，也可适度喷洒气味淡雅的空气清新剂。接待室应适当绿化，摆放绿色植物不仅能美化环境，还能净化空气。植物最好选择常绿植物如龙血树、金钱树、万年青、叶兰、龟背竹等。如果接待室空间较小，也可以采用垂吊类植物，如吊兰、常春藤等。空气环境的好坏，对人的行为和心理都有影响，对提高接待工作效率十分重要。

② 光线环境。接待室要有适当的照明，应以自然光源为主，人造光源为辅。

③ 声音环境。接待室要保持肃静、安宁，使接待人员能聚精会神地从事接待工作。

④ 接待室布置。办公桌、文件柜等大件物品要摆放合理，书报文件等要归类、摆放整齐，墙上可挂上企业的宣传图片等。

 小提示

接待室清洁、明亮、整齐、美观会让来宾觉得企业的工作有条不紊。如果没有专门的接待室，也应在办公室中腾出一个比较安静的角落，让来宾可以从容就座、谈话。

（2）软环境

软环境包括企业工作气氛、接待人员的个人素养等。良好的工作氛围，接待人员热情的接待态度、大方得体的礼仪、周到细致的接待安排，都能让来宾感受到一种蓬勃向上的凝聚力，从而对企业产生良好的印象。

2.物质准备

① 茶水饮料的准备。茶具应整齐摆放在桌面上，并保证有热水。

② 水果、点心的准备。综合考虑来宾的身份、人数、性别、年龄等因素，可适量准备小点心、水果、糖果和零食等。

③ 相关资料的准备。为了排解来宾等待时的情绪，在接待室可以放置书报架，摆放一些书报杂志或单位简介等对外宣传资料。

3.心理准备

接待工作的心理准备，是指接待人员要诚心、耐心、热心地面对每位来宾（图2-2），要热情适度，和蔼可亲，用语礼貌，举止大方。接待人员要有强烈的角色意识和服务意识。

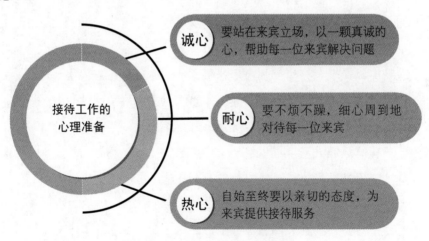

图2-2　接待工作的心理准备

　相关链接 ﹤ ···

国有企业商务招待管理规定

第一章　总　则

第一条　为深入贯彻中央八项规定及其实施细则精神，落实全面从严治党要求，切实加强国有企业党风廉政建设，进一步规范商务招待管理，根据有关法律法规及规章制度制定本规定。

第二条 本规定适用于国家出资的国有独资、国有全资及国有控股企业。

第三条 本规定所称商务招待是指国有企业在商务谈判或商业合作中接待客户、合资合作方、经贸联络考察团组的活动。国有企业商务招待对象不包括党政军机关工作人员和国有企业集团总部工作人员。

第四条 国有企业商务招待应遵循依法依规、从严从紧、廉洁节俭、规范透明原则。

第五条 商务招待活动主要包括商务宴请、接待用车、住宿、赠送纪念品等活动。

第二章　商务宴请

第六条 国有企业开展商务宴请严禁讲排场、杜绝奢侈浪费，原则上安排在国有企业内部或者定点饭店、宾馆，不得安排私人会所及高档的娱乐、休闲、健身、保健等高消费场所。

第七条 国有企业开展商务宴请，不得提供用野生保护动物制作的菜肴，不得提供鱼翅、燕窝等高档菜肴，每次人均最高不得超过××元（含酒水），不得提供高档酒水，白酒每500毫升、红酒每750毫升售价不得超过××元。企业应当根据所在地区实际情况，分级分档确定控制标准，并制定相应的实施细则。

第八条 接待对象5人（含）以内，陪餐人数可对等；接待对象超过5人的，超过部分陪餐人数原则上不超过接待对象的二分之一。

第九条 国有企业商务宴请应当严格执行清单制度，如实反映招待对象、招待费用等情况。不提供宴请清单的，费用不予报销。

第三章　接待用车和住宿

第十条 接待用车是指为接待对象便利出行提供的车辆保障服务。

第十一条 接待用车应当遵循统一管理、定向保障、经济适用、节能环保的原则，合理调配、规范用车，严禁公车私用、私车公养。

第十二条 商务招待确需安排住宿的，应当注意安全、舒适，不追求奢华，一般均应安排单间或标准间，对特别重要的人员可安排普通套间。

第四章　纪念品

第十三条 国有企业因商务招待需赠送纪念品的，应当节约从简，以宣传企业形象、展示企业文化或体现地域文化等为主要内容，纪念品标准原则上每次人均不得超过××元。

第十四条 严禁赠送现金、购物卡、会员卡、商业预付卡和各种有价证券、支付凭证、贵重物品以及名贵土特产等。

第十五条 国有企业应当建立纪念品管理制度，规范纪念品订购、领用等审批程序，实行纪念品清单管理，如实反映纪念品赠送对象等情况。

第五章 规范管理

第十六条 国有企业是本企业商务招待管理的责任主体，要完善本企业商务招待管理办法，督促各级所属企业健全管理制度，规范内部审批程序，层层落实监管责任。

第十七条 国有企业要根据商务活动内容和接待对象情况，在控制标准内，分级分档确定商务宴请、接待用车、住宿、赠送纪念品及其他商务招待活动的标准，不得简单就高或一刀切，避免上下一般粗。

第十八条 国有企业之间开展商务招待，各项标准应从严把握，国有企业内部的商务招待活动应本着内外有别、朴素节约的原则开展，不得进行商务宴请。

第十九条 国有企业负责人开展商务招待还应当符合负责人履职待遇、业务支出管理有关规定。

第二十条 国有企业开展商务招待活动严禁变相旅游，确需参观本地景点或观看本地特色演出的，应当严格控制陪同人数，本着节俭、就近原则安排。

第二十一条 国有企业商务招待应当严格执行有关财经制度，实行预算管理，合理控制预算总额，加强预算硬约束。

第二十二条 对商务招待过程中无法执行相关制度标准的特殊情况，企业需进一步明确管理制度，严格履行内部审批程序，原则上须经主要负责人审批同意，并做好备案登记。

第二十三条 开展商务招待所发生的费用应当及时结算，不得将商务招待费用以会议、培训、调研等费用的名义虚列、隐匿。

第六章 监督问责

第二十四条 国有企业应当切实完善内部控制体系，严格审批、报销、检查等关键环节，加强内部监督，要发挥企业纪检监察机构的监督作用。

第二十五条 各级履行出资人职责的机构要加强对国有企业商务招待情况的监督检查力度，形成企业内外部、多层次、全方位的监督合力。

第二十六条　国有企业商务招待经费的预决算应当按照规定通过向职工代表大会报告等形式定期公开，接受职工监督。

第二十七条　有下列行为之一的，予以严肃处理，并追究有关人员责任：

（一）违规增加商务招待活动内容；

（二）擅自提高接待开支标准；

（三）虚报来访人数、天数等，套取接待经费；

（四）使用虚假发票报销接待经费；

（五）报销因私接待费用和个人消费费用；

（六）向所出资企业等摊派或转嫁接待费用；

（七）其他违反本规定的行为。

第七章　附　则

第二十八条　各省、自治区、直辖市及计划单列市和新疆生产建设兵团履行出资人职责的机构应当根据本规定要求，结合本地区实际，完善所监管国有企业商务招待管理制度，不得简单执行本规定各项标准上限。要加强对所监管国有企业制度建设工作的指导监督，确保逐级落实主体责任。

第二十九条　本规定由国务院国资委、财政部负责解释。

第三十条　本规定自印发之日起执行。

第二节　来宾接待阶段

来宾抵达后的接待服务工作，是整个接待过程的中心环节，是面对面的接待服务过程。如果准备阶段的工作做得足够充分，在接待阶段就会避免很多麻烦事，而主要是考验行政人员的行政执行能力和礼仪了。

一、迎接准备

① 迎接人员应当准确了解来宾所乘交通工具的航班号（车次）以及抵达时间。接站前，应保持与机场（车站）的联系，随时掌握来宾所乘航班（车次）以及天气的变化情况。如航班（车次）晚点，应及时作出相应安排。

② 接站时，迎接人员应留足途中时间，提前到达机场（车站），以免因迟到而失礼。

③ 如果来宾人数较多，为了避免在接站时出现混乱，应事先排好乘车表，在来宾抵达后，将乘车表发至每位来宾手中。

④ 根据来宾和迎接人员的人数，以及行李数量安排车辆，乘车安排应保证每辆车的乘坐空间适当宽松。

二、迎接规格

一般应遵循对等或对应原则，即主要的迎接人员应与来宾的身份相当。若由于种种原因，主要迎接人员不能参加迎接活动，使双方身份不能完全对等，可以灵活变通，按业务对口原则由职务相宜人员迎接，但应及时向对方作出解释，以免误解。

三、迎接礼仪

1.引导礼仪

① 引导位置。引导人员应站在来宾的左前方，距来宾0.5～1.5米，传达"以右为尊、以客为尊"的理念。引导客人上楼时，应让来宾走在前面，引导人员走在后面；下楼时，应该由引导人员走在前面，来宾走在后面。上下楼梯时，应注意来宾的安全。

② 引导语言。要有明确而规范的引导语言，多用敬语"您好！""请"等，以表达对来宾的尊重。

2.电梯礼仪

（1）引导至电梯口

如果只有一位来宾，引导人员按住按钮，请来宾进入。如果有两位以上来宾，引导人员与电梯门成90°角站立，用靠近电梯门一侧的手采用直臂式手势护梯，另外一只手用曲臂式手势邀请来宾进入。

（2）陪同进入

如只有一位来宾，引导人员先请来宾进入，然后紧跟其后进入，站到电梯内控制按钮附近，身体背对电梯壁，与电梯门成90°角。如果有两位以上来宾，先说"请稍等"，然后走进电梯，用另一只手邀请来宾进入。出电梯时，应按住按钮说"您先请"，等来宾都走出去后，再走出电梯引导。

（3）电梯站位

电梯内，越靠内侧，越是尊贵的位置。引导人员应站在电梯按钮附近。具体站位如图2-3所示。

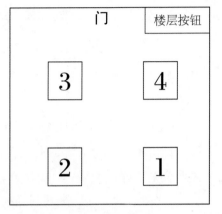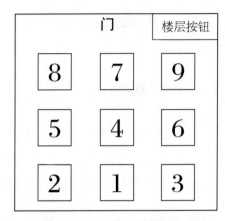

注：1至N代表尊贵的程度，1代表最尊贵，2代表次尊贵，最大的数字代表陪同人员。

图2-3　电梯站位示意图

四、坐车安排

① 来宾抵达后，从机场（车站）到目的地，一般由主陪人及其他接待人员陪车，应请来宾坐在主陪人的右侧。如是两排座，接待人员坐在司机旁边。

② 上车时，最好让来宾从右侧门上车，主陪人从左侧门上车，避免从客人座前穿过。若来宾先上车，则来宾坐在哪个座位上，哪个座位就是上座，接待人员不要去纠正。

③ 轿车上的座次有主次讲究。第一种情况，当主陪人亲自驾车的时候，一般称之为社交用车，上座为副驾驶座。这种情况，一般前排座为上，以右为尊。这种坐法体现出"尊重为上"的原则，也体现出来宾对开车者的尊重，表示平起平坐，亲密友善。主陪人驾驶时座位顺序如图2-4所示。

第二种情况，当由专职司机驾车时，如是两排座，车上最尊贵的位置是后排与司机的座位成对角线的座位，即后排右座，其余座位的主次顺序是：后排左座、后排中座、副驾驶座，简言之，即右为上，左为下；后为上，前为下。专职司机驾驶时座位顺序如图2-5所示。

④ 抵达目的地时，接待人员要先下车，从车尾绕过去为客人打开车门，用手挡住车篷上沿，协助其下车。

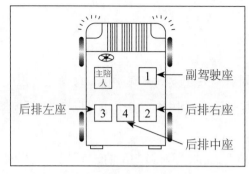
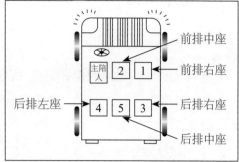
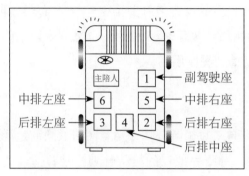
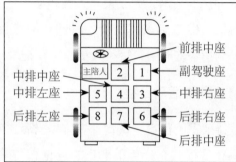

图2-4　主陪人驾驶时座位顺序

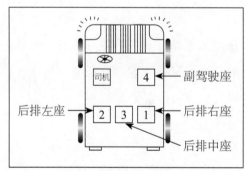
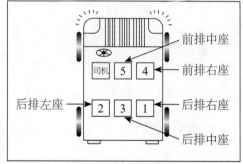
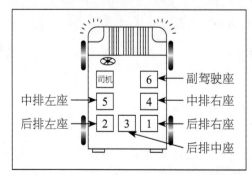
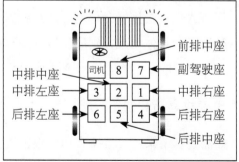

图2-5　专职司机驾驶时座位顺序

五、活动安排

1.妥善安排来宾的食宿

① 接待人员应将提前制作好的住房表同房卡一起发到来宾手中，住房表可以使来宾清楚自己所住的房间，也便于来宾入住客房后相互联系。房卡也可以在来宾到达宾馆（酒店）后由前台发放。

② 来宾抵达宾馆（酒店）后，接待人员应在服务人员的配合下，把客人引进客房，并送上茶水，如果来宾人数较多，住房位置的安排最好要集中一些。待来宾都安顿好后，应告诉来宾用餐的时间和地点，然后让来宾休息片刻，以解除旅途中的疲劳。到用餐的时间，接待人员应主动把来宾请到餐厅用膳。

2.安排活动日程

待来宾的住宿、饮食都安排妥当后，应向来宾了解具体来访意图，共同商定活动的具体日程。充分尊重来宾的意见和要求，对原先拟订的接待计划作某些适当的调整，然后把变动的计划向主管领导汇报并通知有关方面做好准备工作，以免临时抱佛脚。

3.安排有关领导看望来宾

按照大体对等的礼仪原则，接待人员要根据本单位领导的意见安排有关领导去宾馆（酒店）看望来宾，并安排好会见地点、时间以及陪同人员。会见前，接待人员应向该领导介绍来宾的有关情况，会见时，接待人员应负责引见。

4.组织好活动

接待人员应按照活动日程，精心组织各项活动。如来宾要听取汇报或召开座谈会，接待人员应安排好会议室，通知相关人员做好准备，准时到达会议室。如来宾要深入基层了解具体情况，则应安排好用车和陪同人员，并把来宾到达的准确时间告诉其所要去单位的相关人员，保证活动的顺利进行。

5.安排宴请和游览

如需要宴请来宾，接待人员应根据政策规定，适当安排必要的宴请，但应注意陪客的人数，不搞超标准的接待。同时，可根据来宾的愿望和要求，安排来宾游览风景区和名胜古迹。

六、宴请安排

1. 安排要求

接待人员要预先通知来宾和陪餐领导宴会的时间、地点；掌握宴请的人数、职务等信息并提前通知酒店；摆放宴会桌签，并认真核对确认；提前1小时到达，督促检查有关服务；严格按拟定的宴会菜单上菜、上酒水等，如遇特殊情况则按主陪领导的意图办理，准确把握上菜节奏，不宜过快或过慢；主动引导来宾入席、离席。

2. 宴请礼仪

① 确定宴请规格。宴请的规格要依据出席者的最高身份、宴请目的及宴请人数等情况确定，规格过低或过高都不妥当，过高容易造成浪费，过低又会显得不礼貌。

② 菜单的确定。在确定宴会的菜单时，要依据宴会的规格，综合考虑宴请的目的以及来宾的身份，做到丰俭适宜。菜品要有主食和辅食，要荤素搭配，凉热菜兼具，形成一个丰富的菜单。在确定具体的菜肴时，要选择大多数来宾喜爱的口味，尊重来宾饮食习惯。

③ 席位安排。在中餐宴会中，一般是8 ~ 12人围坐一张圆桌。例如按出席者职务排列，圆桌正中为主人位，1号来宾坐在主人右手的一侧，2号来宾坐主人左手的一侧，3、4、5、6、7、8、9号等来宾依次坐在两侧，如图2-6所示。

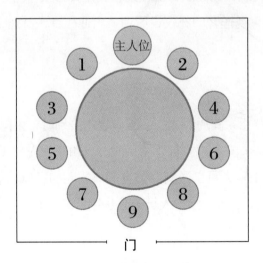

图2-6　席位座次示意

若出现两桌以上的情况，则依据"面门为上，以远为大，居中为尊，以右为尊"的原则，其他的桌子则依据距离主桌的远近来安排，离主桌越近的位次越尊贵，右边的位次高于左边的。

小提示

必要时，可以在每张桌子上面放上宴请的来宾姓名，让来宾对号入座。对于提前到的来宾，可以引导至休息室等待。

④ 宴会现场布置。宴会现场的布置要和宴会的主题相搭配。要有和主题相适应的装饰品，如油画、书法作品、花草等。宴会厅内环境要典雅、协调、清洁、美观，使来宾一进入宴会厅即有舒适、愉快的感觉。

第三节　接待收尾阶段

来宾离去后的有关工作，主要有接待收尾工作和经验总结工作。

一、送客

如果说迎宾是接待工作的序曲，那么送客就是接待工作的结束曲。因此，真正有经验的行政人员也很重视送客的礼仪，所谓"出迎三步，身送七步"，有始有终才是真正的送客之道。

1.办公室道别

在办公室的道别要由来宾先提出，当来宾提出告别时，主陪人及接待人员应当在对方起身之后再站起来。宾主双方握手道别时，应由来宾先伸手，主陪人后伸手。如果与对方常有来往，主陪人可以送到办公室门口或电梯门口；如果对方是初次来访，主陪人应该适当送远些，至少由接待人员送至办公区域之外。

2.设宴饯别

设宴饯别是指企业为来宾专门举行一次饯别宴，这是对外地来宾常用的送别方式。饯别宴可以视对方的情况和饮食喜好来安排，一切应该以来宾为主。

① 饯别时间。一般选择在来宾离开的前一天。接待人员应该提前预约，并以来宾的时间为主，不要打乱对方的行程安排或者影响对方休息。

② 人员选择。参加饯别宴的人员应该选择与来宾身份、职位相似者以及相关部门的工作人员。

③ 饯别时的话题。饯别并不是以吃饭为主，有些话题是主陪人应该提到的。如可以谈及对此次商务会面的深刻印象，以表达惜别之意；询问来宾此行的意见或建议；问候来宾有无需要帮忙的事情等。

 小提示

在饯别宴的适当时机，应将公司精心准备的礼品送给客人，以表示公司的热情。

3. 专程送行

专程送行是指外地的重要来宾离开时，行政部门安排交通、人员等专程送客。这种送客方式尽显企业的热情与周到。

① 送行同样要预约，以对方的时间安排为准。

② 送行人员应选择与来宾身份、职位相似者，或相关部门的工作人员。

③ 如果来宾有自己的专用车辆，送别地点可以选择来宾的住所；如果对方没有专用的车辆，行政人员应该为其安排好车辆，一直送至机场或者车站，并帮助来宾处理好搬运行李、托运行李等相关事宜。宾主双方可以在送行地点再叙片刻。此时，送行人员可以送上精心准备的礼品。

④ 送行人员应该在来宾乘坐的交通工具启动以后再离开，至少在确认对方离开自己的视线以后不会出现其他意外再离开。这样，如果对方的交通工具出现其他特殊情况，送行人员可以及时给予关照。

二、费用结算

接待结束之后要进行费用结算。衣食住行各个方面，都要精细地一一汇总、核算，然后再按照公司章程对接财务进行结算。

三、发文宣推

接待结束后，相关的宣传文章行政经理要及时安排发出。无论是关于来宾来参观的文章，还是关于双方达成战略合作的文章等，都可以作为品牌宣传的一次好机会，为公司扩大市场增量，带来更多业务上的可能。

四、总结经验

每次接待任务完成后，要及时、认真地进行总结。肯定成绩，找出差距，对有突出贡献的单位和个人进行表彰。通过总结经验教训，深化对接待工作规律的认识，促进接待水平不断提高。

第三章

企业文件管理

企业文件是企业实施管理、处理公务具有特定效力和规范格式的文书，是传达信息、发布指示、请示和答复问题，指导和商洽工作、报告情况、交流经验的重要工具。行政人员应充分了解企业文件的收发、归档方法，加强文件管理工作，尤其要重视电子文件的管理工作。

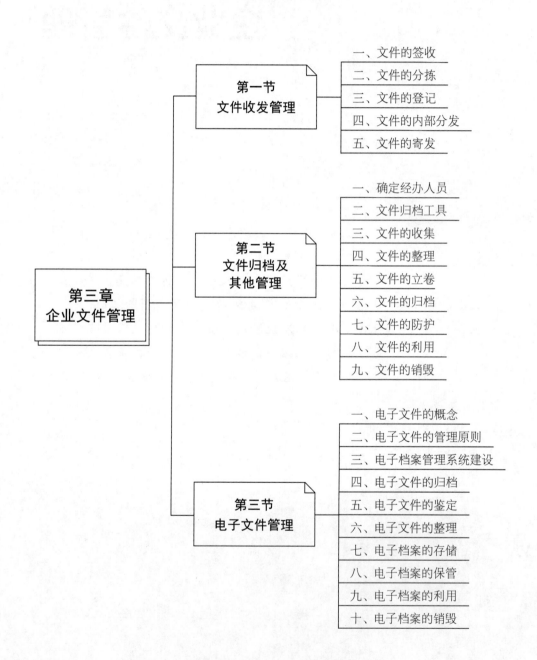

第一节　文件收发管理

为了使企业文件资料的收发管理工作更加规范化，提高行政部门的工作效率，行政经理应做好文件的收发管理。

一、文件的签收

行政经理必须建立严格的文件签收制度，以分清责任，便于查考。

1.当场查验

文件送达后文件收发人员必须立即签收。签收时，应该注意查验图3-1所示的几方面事项。

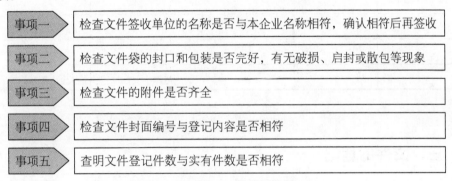

事项一	检查文件签收单位的名称是否与本企业名称相符，确认相符后再签收
事项二	检查文件袋的封口和包装是否完好，有无破损、启封或散包等现象
事项三	检查文件的附件是否齐全
事项四	检查文件封面编号与登记内容是否相符
事项五	查明文件登记件数与实有件数是否相符

图3-1　文件签收时应查验的事项

2.签收盖章

查验无误后，文件收发人员便可以在收件人回执单或登记簿上签名，以示负责。签收之后，再进行文件登记，继而进行文件的分拣工作。若文件为报纸或刊物，则应清点数量，对照报刊分发登记表上的总数量，查看数量是否正确。

重要公务文件须由收件人亲自签收。一般来说，文件袋封面上写明"亲收"字样的信件，须由收件人亲自签收，文件收发人员不得代收；封面上写明"亲启"字样的信件，文件收发人员可以代替收件人签收，但是必须交收件人亲自启封。

机密性极高或内容特别重要的文件除了要由文件签收者签名，还应加盖单位的公章。

二、文件的分拣

文件的分拣是指将文件按一定类别归类放置，以便转交。文件收发人员应在签收之后及时进行分拣工作，以免误事。文件可按平信、报刊、自取件、急件、机密要件进行分拣。

文件收发人员要先将急件和机密要件拣出，登记在保密文件登记表中，尽快递交给收件人。对于一般信件和报刊，也要随到随拣，按部门或收件人将信件分别存放在固定的柜格里，再通知收件人前来拿取。

🔍【实战工具03】▶▶ -

保密文件登记表

收件日期	收件人	收件编号	保密级别	文件名称

三、文件的登记

在分拣文件之后，文件收发人员要对重要的文件进行登记。

1.登记的范围

凡是办理了签收手续的文件都应进行登记，包括公私挂号邮件、包裹单、汇款单、机要信件、专人送来的信件等。有的文件虽未进行签收，但也须登记。

2.登记的方法

行政经理应根据企业的规模大小、收取文件的数量以及各部门的设置情况确定登记方法。

① 规模较大的企业，收进的文件数量多，下设的部门也多，可以按文件去向分设收件登记簿，即每个收件部门分别用一本收件登记簿进行登记，这样也方便收件部门

进行签收。

② 规模较小的企业，收进的文件数量不多，下设的部门相对较少，可以采用综合性的收件登记簿，即只用一本收件登记簿按收件部门的顺序进行登记，将一个部门的文件登记在一起，以便转交。

3. 登记的项目

登记的项目一般包括签收时间（急件应具体到分钟）、登记人姓名、发件单位、收件单位、封面编号、文件号、件数、附件、办理情况、收件人签名、备注等。收发室只是文件的收转部门，因此，其在登记时按来件的外部标志登记即可，无须另行编号或加注其他标记。

4. 登记的要求

文件收发人员在登记时要逐项认真填写，力求字迹清楚、工整、易于辨认。

四、文件的内部分发

文件收发人员要及时分发已接收的文件，文件内部分发要求如图3-2所示。

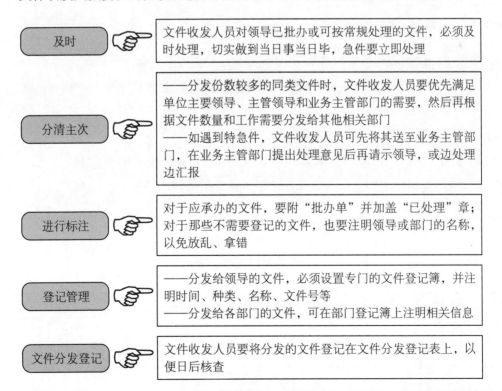

| 及时 | 文件收发人员对领导已批办或可按常规处理的文件，必须及时处理，切实做到当日事当日毕，急件要立即处理 |

——分发份数较多的同类文件时，文件收发人员要优先满足单位主要领导、主管领导和业务主管部门的需要，然后再根据文件数量和工作需要分发给其他相关部门
——如遇到特急件，文件收发人员可先将其送至业务主管部门，在业务主管部门提出处理意见后再请示领导，或边处理边汇报（分清主次）

对于应承办的文件，要附"批办单"并加盖"已处理"章；对于那些不需要登记的文件，也要注明领导或部门的名称，以免放乱、拿错（进行标注）

——分发给领导的文件，必须设置专门的文件登记簿，并注明时间、种类、名称、文件号等
——分发给各部门的文件，可在部门登记簿上注明相关信息（登记管理）

文件收发人员要将分发的文件登记在文件分发登记表上，以便日后核查（文件分发登记）

图3-2　文件内部分发要求

🔍 **【实战工具04】** ▶▶ ------------------------------------

文件分发登记表

文件名			文件编号	
发放人			发放日期	
序号	收文部门	份数	签收人	签收日期	备注

五、文件的寄发

1.文件寄发要求

文件收发人员应汇集所有待发文件，填好文件发送登记表。文件收发人员必须在一定时间内将待发文件发送出去。

2.注意事项

根据文件的重要程度，文件收发人员在寄发文件时应注意以下事项。

① 对于一般文件，在各部门相关人员封好之后，直接送交文秘人员统一寄发。

② 对于机密或亲启文件，文件收发人员必须加盖带有"绝密""机密""亲启"等字样的印章后再发送，并给发件部门或发件者必要的回复。

③ 对于其他重要文件或快递文件，文件收发人员必须加盖带有"专递""面呈""快递"等字样的印章，并给发件部门或发件者必要的回复。

🔍 **【实战工具05】** ▶▶ ------------------------------------

文件发送登记表

序号	日期	文件编号	文件主题	数量	发送单位	签字	时间	备注

第二节　文件归档及其他管理

文件归档是指将企业在职能活动中形成的、办理完毕的、应作为文书档案保存的各种纸质文件材料，遵循文件的形成规律，保持文件之间的有机联系，区分文件的不同价值分类整理并保存的过程。

一、确定经办人员

行政经理应明确各部门负责文件归档的经办人员，并让他们严格遵守归档制度。

二、文件归档工具

行政人员可利用归档工具来存放文件并以保存文件名称、当季业务年度（开始日和结束日）等来命名需要保管的文件。归档工具有下述几种。

① 文件夹。

② 资料夹。

③ 资料箱。

④ 保存箱。

⑤ 账簿保管箱。

⑥ 三孔夹等。

三、文件的收集

文件的收集是指按照有关规定，从各单位、各部门和个人手中分散的、种类和数量繁多的文件中挑选有归档价值的文件，并将其分别集中到企业行政部的工作。

1.收集范围

不是每份文件都要进行归档，行政人员应根据一定的原则，将能够归档的文件挑选出来。

凡是本企业在工作活动中形成的、处理完毕的、对今后工作有参考价值的文件都应归档。

行政人员不能只重视经过收发登记的文件，而忽视未经收发登记的文件，如会议文件、内部文件、调查报告、访问记录、人事关系、介绍信等。

2.收集要求

文件材料收集的基本要求是齐全完整、真实可靠和及时有效。

① 齐全完整，是指收集的文件材料能够全面地、系统地反映企业的工作实际，能够完整地记录企业的工作历史。

② 真实可靠，是指收集的文件是本单位工作中的原始记录材料，能够真实地记录企业的工作历史，有效维护企业各方面的合法权益。

③ 及时有效，是指能够按照时间规定，将纳入归档范围的文件材料完整收集、规范整理和及时归档。

 相关链接 ‹·····················

企业文件材料归档范围和档案保管期限规定

第一条 为便于企业正确界定文件材料归档范围，准确划分档案保管期限，促进企业依法经营和规范管理，根据《中华人民共和国档案法》《中华人民共和国档案法实施办法》，制定本规定。

第二条 本规定所指的企业文件材料是指企业在研发、生产、服务、经营和管理等活动过程中形成的各种门类和载体的记录。

第三条 各级档案行政管理部门依照企业资产关系分别负责对企业文件材料归档范围和档案保管期限表编制工作进行业务指导和监督。

第四条 企业文件材料归档范围是：

（一）反映本企业在研发、生产、服务、经营、管理等各项活动和基本历史面貌的，对本企业各项活动、国家建设、社会发展和历史研究具有利用价值的文件材料；

（二）本企业在各项活动中形成的对维护国家、企业和职工权益具有凭证价值的文件材料；

（三）本企业需要贯彻执行的有关机关和上级单位的文件材料，非隶属关系单位发来的需要执行或查考的文件材料；社会中介机构出具的与本企业有关的文件材料；所属和控股企业报送的重要文件材料；

（四）有关法律法规规定应归档保存的文件材料和其他对本企业各项活动具有

查考价值的文件材料。

第五条　企业下列文件材料可不归档：

（一）有关机关和上级主管单位制发的普发性不需本企业办理的文件材料，任免、奖惩非本企业工作人员的文件材料，供工作参考的抄件等；

（二）本企业文件材料中的重份文件，无查考利用价值的事务性、临时性文件，未经会议讨论、未经领导审阅和签发的文件，一般性文件的历次修改稿、各次校对稿，无特殊保存价值的信封，不需办理的一般性来信、来电记录，企业内部互相抄送的文件材料，本企业负责人兼任外单位职务形成的与本企业无关的文件材料，有关工作参考的文件材料；

（三）非隶属关系单位发来的不需贯彻执行和无参考价值的文件材料；

（四）所属和控股企业报送的供参阅的一般性简报、情况反映，其他社会组织抄送不需本企业办理的文件材料；

（五）其他不需归档的文件材料。

第六条　凡属企业归档范围的文件材料，必须按有关规定向本企业档案部门移交，实行集中统一管理，任何个人不得据为已有或拒绝归档。

第七条　企业档案的保管期限定为永久、定期两种，定期一般分为30年、10年。

第八条　永久保管的企业管理类档案主要包括：

（一）本企业设立、合并、分立、改制、上市、解散、破产或其他变动过程中形成的文件材料，本企业董事会、监事会、股东会的构成、变更、召开会议、履行职责和维护权益的文件材料；

（二）本企业资产和产权登记、评估与证明文件材料，资产和产权转让、买卖、抵押、租赁、许可、变更、保护等凭证性文件材料，对外投资文件材料；本企业资本金核算、确认、划转、变更等文件材料，企业融资文件材料；

（三）本企业关于重要问题向有关机关和上级主管单位的请示、报告、报表及其复函、批复，有关机关和上级单位制发的需本企业办理的重要文件材料，行业协会、中介机构等对本企业做出的重要决定、出具的审计、公证、裁定等重要文件材料，本企业与其他组织和个人形成的重要合同、协议及补充协议等文件材料；

（四）本企业发展规划、战略决策、重大改革、年度计划和总结文件材料，内部管理制度、规定、办法等文件材料；

（五）本企业机构演变，人力资源管理的重要文件材料；本企业涉及职工权益的其他重要文件材料；企业文化建设文件材料；

（六）本企业经营管理工作的重要文件材料；

（七）本企业生产技术管理工作的重要文件材料；

（八）本企业行政管理工作的重要文件材料；

（九）本企业党群工作的重要文件材料；

（十）新闻媒体对本企业重要活动、重大事件、典型人物的宣传报道；

（十一）有关机关和上级主管单位领导、社会知名人士等重要来宾到本企业检查、视察、调研、参观时的讲话、题词、批示、录音、录像、照片及企业工作汇报等重要文件材料；本企业参与国家和社会重大活动的重要文件材料，本企业职工参加省级以上党、团、工会、人大、政协等代表大会形成的重要文件材料；

（十二）本企业直属单位、所属、控股、参股、境外企业和机构报送的关于重要问题的报告、请示和批复等文件材料。

第九条　定期保管的企业管理类档案主要包括：

（一）本企业资本金管理、资产管理的一般性文件材料，本企业涉及职工权益的一般性文件材料；

（二）本企业部门工作或专项工作规划，半年、季度、月份计划与总结等文件材料；

（三）本企业召开会议、举办活动的一般性文件材料，发布的一般性公告；

（四）本企业经营管理工作的一般性文件材料；

（五）本企业生产技术管理工作的一般性文件材料；

（六）本企业行政管理工作的一般性文件材料；

（七）本企业党群工作的一般性文件材料；

（八）本企业关于一般性问题向有关机关和上级主管单位的请示、报告、报表及有关机关和上级主管单位的复函、批复，有关机关和上级主管单位、行业协会制发的需本企业贯彻执行的一般性文件材料和对本企业出具的一般性证明文件，本企业与其他单位和个人形成的一般性合同、协议文件材料；

（九）直属单位、所属和控股企业一般性问题的请示、报告、来函与本企业的批复、复函等文件材料；

（十）本企业参与国家和社会活动的一般性文件材料，本企业职工参加省以上党、团、工会、人大、政协等代表大会形成的一般性文件材料；本企业接待重要来宾的工作计划、方案等一般性文件材料。

第十条　企业经营管理、生产技术管理、行政管理、党群工作等管理类档案保管期限见附件。

第十一条　本规定的管理类档案保管期限为最低期限，各企业在具体划分时可选择高于本规定的期限。

第十二条　企业产品生产和服务业务、科研开发、基本建设、设备仪器、会计、干部与职工人事等文件材料的归档范围和档案保管期限，按国家有关规定、标准，结合企业实际执行。

第十三条　企业应归档纸质文件材料中，有重要修改意见和批示的修改稿及有发文稿纸或文件处理单的，应与文件正本、定稿一并归档。

企业对于无相应纸质或确实无法输出成纸质的电子文件应纳入归档范围并划分保管期限。

企业对归档的电子文件的元数据要进行相应归档。

第十四条　多个企业联合召开的会议、联合研制的产品、联合建设或研究的项目、联合行文所形成的文件材料，原件由主办企业归档，其他企业将相应的复制件或其他形式的副本归档。

第十五条　企业应依据本规定和国家及专业相关规定，结合本企业生产组织方式、产品和服务特点，编制本企业的各类文件材料归档范围和档案保管期限表。企业应按资产归属关系，指导所属企业根据有关规定规范各类文件材料归档范围和档案保管期限表的编制并审批所属企业的文件材料归档范围和档案保管期限表。

第十六条　中央管理的企业（包括国务院国有资产监督管理委员会监管中央企业、金融企业、中央所属文化企业等）总部的文件材料归档范围和管理类档案保管期限表，报国家档案局同意后执行。

地方国有企业总部编制的文件材料归档范围和管理类档案保管期限表，报同级档案行政管理部门同意后执行。

第十七条　企业资本结构或主营业务发生较大变化时，应及时修订和完善文件材料归档范围和档案保管期限表。

第十八条　企业在编制文件材料归档范围和档案保管期限表时，应全面分析和鉴别本企业形成文件材料的现实作用和历史价值，统筹考虑纸质文件材料与其他载体文件材料的管理要求，准确界定文件材料的归档范围和划分档案保管期限。

第十九条　本规定适用于在中华人民共和国境内注册设立的企业，在境外经营的企业，由企业总部参照本规定提出实施要求；科技事业单位可参照执行。

第二十条　本规定由国家档案局负责解释。

第二十一条　本规定自2013年2月1日起施行。

附件：企业管理类档案保管期限表。（略，详情请登录国家档案局网站）

四、文件的整理

文件的整理是指把零散的和需要进一步条理化的文件，进行基本的分类、组合和编目，使之更系统的过程。

1.文件整理的要点

文件整理应按照文件形成的自然规律，保持各文件的完整；按照文件的来源、时间和内容等，保持文件之间的联系；充分利用原有的整理基础，进行文件的保管和利用。

2.文件分类

文件分类是指按照文件的来源、时间、内容和形式，将全部文件分成若干类别。分类的方法一般有两种，具体内容如下。

① 年度与部门分类法。将全部文件先按年度分类，再将各年度文件按部门分类，这种分类方法简便易行。

② 部门与年度分类法。将全部的文件先按部门分类，然后再将各部门文件按年度进行分类。

五、文件的立卷

文件管理部门或人员将办理完毕的、具有保存价值的文件材料，根据文件之间固有的联系及形成的规律，组成案卷的过程称为立卷。

1.编好案卷类目

案卷类目是指为便于立卷而按照立卷的原则和方法编制的案卷名册。案卷类目是由类目和条款组成的。案卷类目对立卷工作的完成十分重要，它可以保证文件的完整性，便于工作人员查找并利用文件。

2.准确确定立卷归档的范围

企业每年都要处理大量的文件和材料，但不能将所有的文件、材料都立卷。立卷时应以本单位的重要文件、材料为主，主要包括图3-3所示的几方面内容。

3.文件立卷的方法

行政人员可根据文件的特征立卷，其方法如表3-1所示。

1	企业在经营、生产、社会活动中形成的具有查考价值的各种文件、材料、传真、电报等
2	各部门报送的重要统计报告及其他有重要查考价值的文件
3	重要的来信、来访材料

图3-3　立卷归档的范围

表3-1　根据文件特征立卷的方法

方法	具体内容
按主题特征立卷	按主题特征立卷是指将主题性质相同的文件组成案卷。主题既可以是概括的，也可以是具体的，这要根据文件的多少来确定。例如，对于企业一年中业务工作方面的文件，就可按业务的性质来分类立卷，如果这方面的文件数量较多，可细分成若干卷
按时间特征立卷	按时间特征立卷是指按文件形成的时间或文件内容所针对的时间立卷。此方法适用于时间针对性较强的文件，如年度预决算、季度计划、统计报表、期刊、简报等
按"作者"特征立卷	"作者"是指制发文件的部门或个人。将同一部门或个人的文件组合成为案卷，就是按"作者"特征立卷
按文件名称立卷	按文件名称立卷是指将同一名称的文件、材料组成案卷，如总结、请示报告、计划、批复、简报、通知等。一般情况下，这种立卷方法往往同按"作者"特征立卷、按主题特征立卷的方法相结合，不单独使用

4.卷内文件的调整

（1）复查卷内文件，确定保管期限

复查卷内文件是指要根据立卷原则、要求和特征，对卷内文件进行复查，剔除不需要立卷归档的文件，纠正分类不准确的文件，然后根据文件保管期限来确定案卷保管期限。

（2）排列卷内文件

卷内文件可按照时间、主题、地区、作者、名称等排列。行政人员在进行排列时要注意正文在前，附件在后；请示在前，复文在后；最后的定稿在前，讨论修改稿在后。

（3）给卷内文件编号

凡被列为永久保管和长期保管的案卷，行政人员都必须为卷内文件编写张号。编写张号时的注意事项如图3-4所示。

1	行政人员应依次为文件的每一张编号，而不是为每一页编号；空白页不编号
2	左侧装订的在右上角编张号，右侧装订的在左上角编张号
3	张号的编写必须准确无误

图3-4　编写张号的注意事项

（4）填写卷内目录和备考表

行政人员复查调整案卷后，在装订前应及时填写卷内目录。行政人员应将每份文件逐一填写到卷内目录中，如果几份文件的内容均是针对某一个具体问题的，也可以合起来填写。

对于永久、长期保存的案卷，行政人员还要填写备考表，用以说明卷内文件存在的问题，并注明立卷人姓名，以备查考。备考表附在卷末，不编张号，应在装订前填好。

（5）装订案卷

行政人员在装订案卷时要注意图3-5所示的事项。

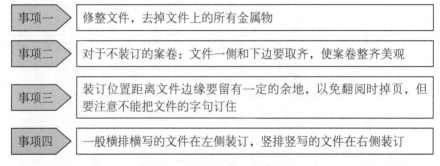

事项一	修整文件，去掉文件上的所有金属物
事项二	对于不装订的案卷：文件一侧和下边要取齐，使案卷整齐美观
事项三	装订位置距离文件边缘要留有一定的余地，以免翻阅时掉页，但要注意不能把文件的字句订住
事项四	一般横排横写的文件在左侧装订，竖排竖写的文件在右侧装订

图3-5　装订案卷的注意事项

（6）填写案卷封面

行政人员应工整地填写案卷封面，填写的项目包括单位名称、案卷标题、卷内文件起止日期、卷内文件张数、保管期限。

六、文件的归档

归档是办理完毕且具有保存价值的文件经系统整理移交档案室保存的过程。

1.归档要求

①归档的文件和有关材料应齐全、完整。

② 归档的文件和有关材料应符合有关标准及规范。

③ 按时归档。

④ 严格办理归档交接手续等。

2.归档工作的内容和步骤

① 编制移交案卷目录或归档文件目录。

② 办理移交与归档手续。

七、文件的防护

进行文件防护的目的是防止文件损毁。

1.做好防火工作

企业文件的制作材料大多是易燃的纸质材料，因而必须做好防火工作。企业一方面应配备效果良好、数量充足的消防器材，如灭火器、消防栓等；另一方面要建立严格的防火制度和消防器材的使用管理制度，如严禁在库房内吸烟和使用明火，定期对库房进行消防检查，消灭一切火灾隐患。

2.做好防高温、防潮工作

不适宜的温湿度一方面会对企业文件产生破坏作用，影响企业文件的使用期限；另一方面又会加大其他不利因素对企业文件的危害。因此，防高温、防潮，控制和调节温湿度对企业文件的保护具有重要作用。

一般库房的温度应控制在 14 ～ 24℃，相对湿度应控制在45％～ 60％；对于保管特殊材质文件的库房，其温湿度应作特殊要求。

行政经理可从图3-6所示的两方面入手来管控企业库房的温湿度。

配备温湿度监测和控制调节设备，加强温湿度监测工作，及时降低库房内的高温、高湿

管控

通过减少库房门窗、设置两道门和过渡间、密闭窗户等措施，防止库房外的高温、高湿影响到库房内

图3-6　库房温湿度管控

3.做好防光照工作

光照对企业文件具有破坏作用，特别是紫外线对文件的破坏性更大。防光照的基本方法是尽量减少光照时间，避免阳光对企业文件的直接照射。为此，企业在建造库房时应采用窄窗设计，平时应少开窗，窗户玻璃最好为磨砂玻璃或花玻璃，也可以安装窗帘。相关人员应对库房内的灯光加以控制，灯上可加灯罩，无人时要及时关灯等。

4.做好防虫、防鼠工作

行政经理可参考图3-7所示的方法做好防虫、防鼠工作。

防虫	防鼠
有害昆虫对档案的危害相当大。在高温、潮湿的环境下，害虫繁殖得很快，直接威胁企业文件的安全。所以，相关人员要严格控制好档案库房的温湿度，保持库房清洁	老鼠会对企业档案造成严重的损害。企业应禁止在库房内堆放食品及杂物，库房墙壁应坚固、平滑，档案柜架应与墙壁保持一定距离

图3-7　防虫、防鼠方法

5.做好防尘、防污染工作

行政经理可参考图3-8所示的方法做好防尘、防污染工作。

行政经理应采取以下方法来防灰尘：
（1）档案存放可采取相对密封的方法或多层密封的方法，如用档案柜、档案箱、档案盒等，以减少有害气体特别是灰尘对档案的破坏。
（2）档案库房周围如有空地要进行绿化，以起到吸收有害气体和滞尘作用。
（3）使用空调装置过滤灰尘与有害气体一般能收到较好的效果

防污染主要是指防止有害气体对企业文件的破坏。企业应保证库房远离污染源，并具备较好的封闭性。如果库房内的有害气体超过规定标准，相关人员应及时通风换气

图3-8　防尘、防污染方法

八、文件的利用

1.文件利用工作的基本要求

① 行政人员必须熟悉本部门保存文件的情况，包括内容、范围、存放地点和作用等。

② 行政人员应摸清各部门及相关人员利用档案的规律，了解上司和各部门常用的文件内容和要求。

③ 行政人员应有计划、有重点地提供必要的检索工具和参考资料。

④ 行政人员应建立查阅制度，包括查阅手续，摘抄、复印范围，清点、核对手续，以及查阅注意事项等。

2.文件利用的方式

为了方便利用文件，行政部可采取如下方式。

① 设立阅览室，方便阅览文件。

② 将文件借出，供使用者暂时使用。

③ 将文件进行复制以便使用。

④ 根据档案内容编写综合资料以便使用。

3.检索工具的作用和种类

检索工具的作用和种类包括如下几个方面。

① 揭示和介绍行政部所存的全部或其中一部分文件，如案卷目录、卷内目录、重要文件目录等。

② 揭示和介绍行政部所存的专题材料，如专题卡片、专题目录、专题介绍等。

③ 指明文件的存放地点和文件涉及的人名、地名，如存放地点索引，人名、地名索引等。

4.参考资料的种类

① 大事记。大事记是指按时间顺序简要记载一定时期重大活动的资料。

② 组织沿革。组织沿革是指系统记载一个组织、一个部门的变革情况的资料。其内容主要包括组织的成立和变动时间、部门设置、名称改变、地址变迁、职权范围和任务及其变化等情况。

九、文件的销毁

行政经理应定期组织人员对需要销毁的文件资料进行销毁，并制定销毁工作规范。

1.定期核对

① 行政人员应定期核对已记录的信息资料。若发现丢失信息，应在发放清单和索引目录中查询信息发放对象和信息来源，并以适当的方法恢复信息。

② 行政人员应定期检查已经过期的条目，并加以标注，定期销毁过期、作废的文档。

2.被销毁文件的类型及销毁后的注意事项

① 被销毁文件分为纸面文件和电子文件两类。

② 为了便于跟踪和备查，对于被销毁的文件，行政人员要予以登记，保存销毁文件清单。

③ 在删除电子文件后，行政人员必须清空回收站。

3.销毁范围

① 已过保管期限、不用继续保管的文件。

② 公司指定要销毁的文件。

③ 会议上回收的保密文件。

④ 不需要部门存档的保密文件。

⑤ 无保存价值的文件（已处理的传真件、礼品申领表和发放清单等）。

4.销毁方式

① 用粉碎型碎纸机粉碎（适用于纸面文件）。

② 到郊外垃圾处理站监督烧毁（适用于非机密性、数量较多的文件）。

③ 送造纸厂监督打成纸浆（适用于公司过期宣传资料的销毁）。

④ 在删除电子类文件后，行政人员应每三个月清空一次回收站。

第三节　电子文件管理

随着计算机技术和网络在企业管理中的普遍应用，电子文件成了企业业务活动最直接的记录。电子文件作为一种数字化信息，从产生、处理、传递至整理、归档、保管、利用，形成电子档案的过程，既丰富了档案管理内容，也对行政管理人员提出了新的要求。

一、电子文件的概念

电子文件是指企业在履行其法定职责或处理事务过程中，通过计算机等电子设备形成、办理、传输和存储的数字格式的各种信息记录。

 相关链接 ‹ ···

与电子文件相关的术语解析

序号	术语	说明
1	电子档案	电子档案是指具有凭证、查考和保存价值并归档保存的电子文件
2	归档电子文件	归档电子文件是指在各项活动中产生并具有保存价值的电子文件（含电子公文）的形成、积累、鉴定、归档、保管、利用和统计的过程
3	电子文件的逻辑归档	电子文件的逻辑归档指在计算机网络上进行，不改变原存储方式和位置而实现的将电子文件的管理权限向档案部门移交的过程
4	电子文件的物理归档	电子文件的物理归档指把电子文件集中下载到可脱机保存的载体上，向档案部门移交的过程
5	电子文件的真实性	电子文件的真实性指电子文件、电子文档的内容、逻辑结构和形成背景信息等与形成时的原始状况相一致的性质
6	电子文件的完整性	电子文件的完整性指电子文件的内容、结构和背景信息齐全且没有破坏、变异或丢失的性质
7	电子文件的可用性	电子文件的可用性指电子文件可以被检索、呈现或理解的性质
8	背景信息	背景信息指描述生成电子文件的职能活动，电子文件的作用、办理过程、结果、上下文关系，以及对其产生影响的历史环境等信息
9	元数据	元数据指描述电子文件和电子档案的内容、背景、结构及其管理过程的数据
10	定稿电子文件	定稿电子文件是用计算机起草文件时形成的最后一稿电子文件，记录了文件的最后修改结果，有重要凭证、依据价值，在收集时应落实必要的签字手续，明确公文拟稿、核稿、签发等环节的责任者。对于需要保存的、特别重要的文件的历次草稿，每一稿应以不同标识加以区别
11	正式电子文件	修改、签发完的定稿电子文件由于具备了相应职能，便成了正式电子文件

续表

序号	术语	说明
12	文本文件	文本文件指用计算机文字处理技术形成的文字文件、表格文件等。其在收集时应注明文件存储格式、文字处理工具等，必要时应同时保留文字处理工具软件。文本文件以XML、RTF、TXT为通用格式
13	图像文件	图像文件指用扫描仪、数码相机等外部设备获得的静态图像文件。对用扫描仪等设备获得的采用非通用格式的图像电子文件，在收集时应将其转换为通用格式，如无法转换，则应将相关软件一并收集。图像文件以JPEG、TIFF为通用格式
14	图形文件	图形文件指采用计算机辅助设计或绘图工具等获得的静态图形文件。在归档时相关人员应注意其设备依赖性、易修改性等，不要遗漏相关软件及各种数据信息。对用计算机辅助设计或绘图工具等获得的图形电子文件，在收集时应注明其软硬件环境和相关数据
15	影像文件	影像文件指用数码摄像机、视频采集卡等视频设备获得的动态图像文件。对用视频或多媒体设备获得的文件及用超媒体链接技术制作的文件，应同时收集其非通用格式的压缩算法和相关软件。要归档的影像文件以MPEG、AVI为通用格式
16	声音文件	声音文件指用音频设备获得并经过计算机处理的文件。相关人员在归档时应注意收集其属性标识和相关软件。声音文件以WAV、MP3为通用格式
17	超媒体链接文件	超媒体链接文件指用计算机超媒体链接技术制作的文件
18	数据库文件	数据库文件指用计算机软硬件系统进行信息处理等过程形成的各种管理数据、参数等。数据库文件以DBF、XML为通用格式
19	计算机程序	计算机程序指计算机使用的商用或自主开发的系统软件、应用软件等

二、电子文件的管理原则

具有保存价值的电子文件是企业文件的一部分，必须纳入归档范围，经过收集、鉴定、整理后交档案部门保存并提供利用，以维护企业档案的齐全、完整、系统。

电子文件管理以真实、可靠、完整、可用为目标，贯彻全程管理、前端控制、统一管理原则。具体如图3-9所示。

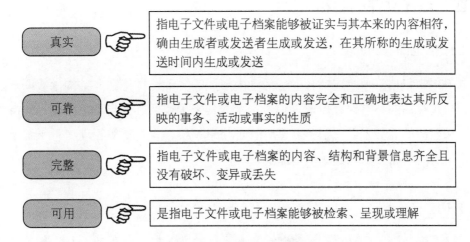

图3-9　电子文件的管理原则

三、电子档案管理系统建设

建立电子档案管理系统可使电子文件归档和电子档案管理更加高效、规范。行政经理可根据公司的实际情况，申请建设企业电子档案管理系统。

电子档案管理系统应具备表3-2所示的功能。

表3-2　电子档案管理系统的功能

序号	功能	具体说明
1	系统配置管理功能	包括分类方案管理、档号规则管理、保管期限表管理、元数据方案管理、门类定义等
2	电子档案管理功能	包括电子档案及其元数据的采集、登记、分类、编目、命名、存储、利用、统计、鉴定、销毁、移交、备份、报表管理等
3	电子档案安全管理功能	包括身份认证、权限管理、跟踪审计、生成固化信息等。本功能对于保证电子档案的真实、可靠具有重要作用
4	系统管理功能	包括系统参数管理、系统用户和资源管理、系统功能配置、操作权限分配、事件报告等
5	各门类纸质档案管理功能	包括对电子档案和纸质档案同步编目、排序、编制档号等
6	纸质档案数字化以及纸质档案数字副本管理功能	包括数字化采集（录入、识别、参数设置、图像命名）、数字化数据处理（纠偏、去污、图像拼接、裁边处理、图像优化、图像质量检查）等

四、电子文件的归档

1.归档范围

电子文件归档范围应包括各业务活动中形成的各种结构化和非结构化数据及以独立文档形式存在的具有保存价值的信息记录，其来源包括办公自动化系统、支持本企业产品和业务的业务系统、财务和会计管理信息系统、人力资源管理信息系统及本企业其他职能活动业务系统，或从外部接收。

 小提示

企业有些业务系统有可能是通过租用或以云计算服务的形式存在，其形成的电子文件不一定存储在本企业的服务器中，也应纳入本企业归档范围。

2.归档方式

电子文件的收集可以通过在线自动、手动等方式进行，但归档传递过程必须安全可控，应有相应措施防止传递过程中电子文件丢失、信息损失和被非法篡改，以保证电子文件的真实性。

行政人员在归档电子文件时，应注意以下事项。

① 提交归档的电子文件应属于归档范围并已经办理完毕。

② 电子文件在归档时应通过相应的技术或人工手段确定电子文件来源可靠。

③ 通过业务系统与电子档案管理系统的 WEB Server 机制、数据包交换、数据库交换等方式归档的，应确认电子文件从业务系统向电子档案管理系统传递过程中不会被非法截获和篡改，并通过系统安全保密设置与运行管理等措施保证归档电子文件在到达电子档案管理系统后不会被非法篡改、替换，或丢失等。

④ 通过载体移交、拷贝、邮件发送等方式收集电子文件应通过现场多人监督等方式确保移交过程中电子文件不被非法篡改。

⑤ 电子文件归档移交过程中必须将元数据一同归档移交，保证元数据齐全完整。

3.归档时间

不同种类电子文件的归档时间确定原则如下。

① 经营管理、行政管理、生产技术管理、党群工作等管理类电子文件归档时间应为次年 6 月 30 日前。

② 业务系统形成的电子文件的归档时间可根据业务的特点、电子文件的数量和相关联电子文件的形成时间确定归档时间，形成数量小的电子文件归档时间可适当延长，但最长不得超过一年；形成数量大的电子文件应将归档时间设置为季、月或周，电子文件形成数量特别大的应每日归档。

③ 零散形成的电子文件（包括外单位移交的）应与同批次其他非电子载体文件或同类型其他载体文件同时归档。

🔍【实战工具06】▶▶ -

归档电子文件移交、接收检验登记表

移交部门：　　　　　　　　　　　　　经办人：

接收部门：　　　　　　　　　　　　　经办人：

档号或文书登记号	载体外观检验	病毒检验	真实性检验	完整性检验	有效性检验	技术方法及相关软件说明登记表、软件、说明、资料检验

移交日期：　　　　　　　　审核人：　　　　　　　　审核日期：

- -

五、电子文件的鉴定

行政人员将电子文件归档前应当对其进行鉴定，鉴定内容包括归档电子文件的真实性、可靠性、完整性、可用性，以及电子文件的保管期限和密级。

1.真实性和可靠性检测

（1）检测内容

电子文件和电子档案来源是否可靠，内容是否被非法更改或非法调换，以及是否完全和正确地表达其所反映的事务、活动或事实。

（2）检测方法

① 收集归档前，采用加密算法对待归档电子文件进行认证，形成认证码。

② 电子档案管理系统接收到归档电子文件后调用加密算法，将产生的认证码与原认证码进行比对，如果两次认证码不一致，则认定电子文件被更改。

2.完整性检测

（1）检测内容

电子文件和电子档案信息构成的完整性，元数据和特殊格式电子文件所需的软硬件的完整性。

（2）检测方法

① 电子文件信息构成完整性检测。将待归档电子文件的构成要素与电子文件应有构成要素进行比较，凡缺少应有构成要素的电子文件均是不完整电子文件。

比如，一份完整的文书类电子文件一般包括正文及其附件、签发单、修改稿等，如有缺失应认定电子文件不完整。

② 元数据完整性检测。将收集到的电子文件元数据与元数据定义项进行比较，凡缺少应有元数据元素的，则认定元数据不完整。

③ 特殊格式电子文件所需的软硬件完整性检测。对于有些需要特殊软硬件支持才能显示或处理的电子文件，归档时应检查其所依赖的软硬件是否与电子文件一同被收集。

3.可用性检测

（1）检测内容

电子文件和电子档案的可理解性和可被利用性，包括信息的可识别性、存储系统的可靠性、载体的兼容性和完好性。这是电子文件和电子档案真实性的首要要件，是其归档前需检测的重要内容。

（2）电子文件和电子档案可识别性检测方法

① 收集不可识别电子文件的特征，形成特征库。

② 将待归档电子文件与不可识别电子文件特征库中的特征进行比对，符合不可识别电子文件特征的应认定为不可识别电子文件。

（3）存储系统的可靠性、载体的兼容性和完好性检查

① 采用防病毒系统检查电子文件和电子档案有无病毒；防病毒系统的病毒库应处于最新状态。

② 兼容性是指电子文件和电子档案存储格式对特殊软硬件平台的依赖性。兼容性检查包括硬件和软件两个方面。由于当前尚无统一的检查方法，各企业可参照信息系统开发中的Beta测试进行检查。

③ 如果采用离线移交，还应对载体的完好性进行检查，即检查存储电子文件的载体有无损伤，能否正常使用。需检查的离线载体数量小时可采用人工检查，需检查的离线载体数量大时可采用专用检查系统。

4.保管期限和密级的划分

对于电子文件保管期限和密级的划分，可参照国家关于纸质文件材料密级和保管期限的有关规定执行。电子文件的背景信息和元数据的保管期限应当与纸质文件内容信息的保管期限一致。

六、电子文件的整理

电子文件的整理包括分类、组成保管单位、保管单位内文件排序、编制档号等工作。

1.分类

电子档案应以"件"为单位，根据本企业制订的分类方案进行分类，并给定类号。

2.组成保管单位

电子文件归档应按照有关整理的标准、规范组成保管单位并编号定位。

3.保管单位内文件排序

保管单位内的电子文件应按照一定的逻辑顺序编号定位。

4.编制档号

应给完成分类、组成保管单位及保管单位内文件排序的电子文件编制档号。

七、电子档案的存储

1.电子档案在线存储

电子档案在线存储方式应在电子档案管理系统设计开发时进行规划。选择的在线存储方式应有利于保证电子档案的真实、可靠、完整、长期可用，有利于保证电子档案的安全，并且管理成本小。

2.电子档案离线存储

① 有条件的企业应对电子档案进行以单份文件（含元数据）为存储单元的离线存储，以进一步降低电子档案长期保存的风险。

 小提示

离线存储时应按《电子文件移交与接收办法》和离线存储载体容量进行信息组织，不能用运维备份的信息组织方式来进行离线存储，更不能用系统备份文件代替离线存储文件。

② 重要电子档案应进行一式三套离线存储，载体应具有较好的耐久性，可选择一次性写光盘、磁带、可擦写光盘、硬磁盘等。三套载体最好分开保存，有条件的单位可将三套载体置于距离300千米以上、不在同一流域的地点保存，或在不同的建筑物内保管。

③ 对离线存储电子档案的磁性载体每满2年、光盘每满4年进行一次抽样机读检验，抽样率不低于10%，如发现问题应及时采取相应恢复措施。

④ 对磁性载体上的电子档案，应每4年转存一次。原载体同时保留时间不少于4年。

八、电子档案的保管

1.电子档案评估

档案管理部门应每年对电子档案的可读取性进行评估，形成评估报告，如存在因软硬件或其他技术升级、变动出现电子档案不可读取的情况，应对电子档案进行迁移。

2.电子档案迁移

电子档案迁移前应进行迁移可行性评估，包括目标载体、系统、格式的可持续性评估、保管成本评估等，并保证迁移过程中电子文件的真实性，过程可控，防止迁移过程中电子文件信息丢失、被非法篡改等。迁移后原载体保留时间不得少于3年。

【实战工具07】▸▸

归档电子文件迁移登记表

单位名称	
管理授权	
责任部门	
源格式或系统描述	
目标格式或系统描述	
完成情况 （操作前后电子档案 及其元数据内容、 数量一致性情况等）	
操作起止时间	
操作者	

填表人（签名）	审核人（签名）	单位（签名）
  　　年　　月　　日	 　　年　　月　　日	 　　年　　月　　日

九、电子档案的利用

　　① 企业应制订详细的电子档案利用权限规定，利用权限应在电子档案管理系统中实施，并经过确认。超权限利用必须进行审批，并保证利用过程中电子档案不被非法篡改。

　　② 电子档案可根据授权通过电子档案管理系统在线或离线利用，不管采用何种利用方式均应通过日志或其他方式记录利用过程，记录信息包括利用人、利用方式、档号、文件编号、文件名、利用时间等。利用过程信息应作为电子档案元数据的一部分进行保存。

十、电子档案的销毁

电子档案的销毁应先登记，编制清册，并按有关规定履行审批手续后，再将电子档案进行物理删除；删除时至少需要两人监督，销毁清单及记录须打印纸质档案保存。涉密电子档案的销毁应当按照国家保密法律法规的规定处理。

第四章

企业会务管理

会议是企业在实施管理的过程中最常见的议事和决策方式，通过定期或不定期地召开各类会议，可以有效地促进企业内部信息的传递，是保证企业正常运行、工作顺利开展的必要手段。行政部作为会议组织与管理的归口部门，应切实做好会务管理工作。

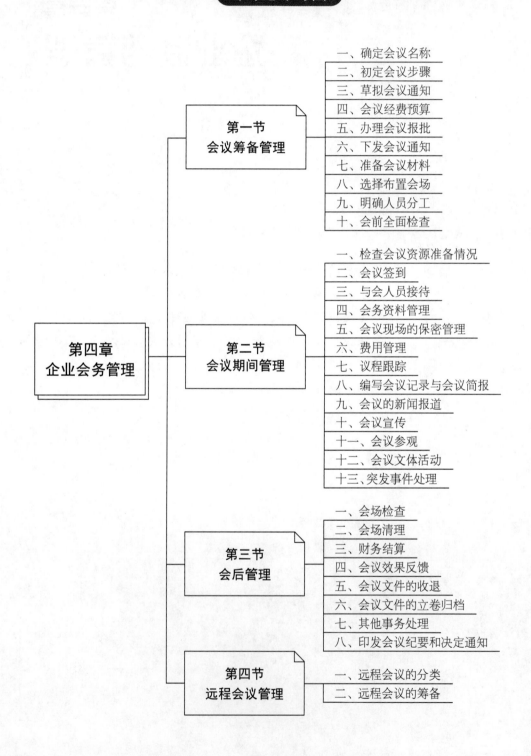

第四章
企业会务管理

第一节
会议筹备管理

一、确定会议名称
二、初定会议步骤
三、草拟会议通知
四、会议经费预算
五、办理会议报批
六、下发会议通知
七、准备会议材料
八、选择布置会场
九、明确人员分工
十、会前全面检查

第二节
会议期间管理

一、检查会议资源准备情况
二、会议签到
三、与会人员接待
四、会务资料管理
五、会议现场的保密管理
六、费用管理
七、议程跟踪
八、编写会议记录与会议简报
九、会议的新闻报道
十、会议宣传
十一、会议参观
十二、会议文体活动
十三、突发事件处理

第三节
会后管理

一、会场检查
二、会场清理
三、财务结算
四、会议效果反馈
五、会议文件的收退
六、会议文件的立卷归档
七、其他事务处理
八、印发会议纪要和决定通知

第四节
远程会议管理

一、远程会议的分类
二、远程会议的筹备

第一节 会议筹备管理

策划、筹备和组织各种会议是行政人员经常会遇到的工作。会议筹备工作表面上看杂乱忙碌，但实质上还是有章可循的。做好会议的筹备，主要做好以下几项工作。

一、确定会议名称

会议名称也就是会议的主题，如"经营例会""项目进度汇报会""生产调度会""年度表彰会"等。

规范的会议名称一般由图4-1所示的三部分组成。

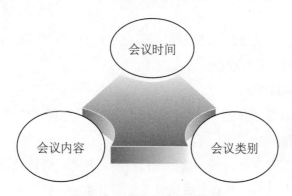

图4-1 规范会议名称的构成

对于企业来说，会议类别主要有表4-1所示的几种。

表4-1 会议类别

序号	类别	具体说明
1	股东大会	股东大会是企业的最高权力机关，由全体股东组成，对企业重大事项进行决策，有权选举和更换董事、监事，并对公司的经营管理有决定权
2	董事会会议	董事会会议是指董事会在职责范围内为了研究并决定企业重大事项和紧急事项而召开的会议。董事会一般由董事长召集和主持，根据议题可请有关部门的相关人员出席
3	新闻发布会	新闻发布会是政府、企业、社会团体为公布重大新闻而举办的会议，是一种向公众传递信息的手段

序号	类别	具体说明
4	座谈会	座谈会属于探讨性会议。会议主持人与参会者可以在座谈会上充分探讨问题，阐述自己的观点和想法
5	经验交流会	经验交流会是企业管理者指导和深入开展工作的重要手段
6	展览会	展览会是指通过实物、图片来宣传企业的最新产品、企业形象及经济建设成果的会议。由于展览会较为直观、生动形象，往往容易使公众信服，达到预期效果
7	年终表彰大会	这种会议的召开主要是为了表彰本年度为公司做出卓越贡献的员工

二、初定会议步骤

会议步骤包括会议的议程、程序、日程等。

1.会议议程

会议议程是指会议议题性活动的程序表。会议议程除了涵盖各种议案之外，还包括议程制订时间及制订者等项目。

（1）会议议程编排要求

① 按照议案的轻重缓急编排。会议工作人员应将紧急事项排在议程的前端，将非紧急事项排在议程的后端。

② 合理安排入场及离场时间。假如议程中明示几点几分到几点几分用于探讨某一议案，则会议工作人员可以特意安排某些与会人员晚一些到场（即在他们的议案被讨论的前几分钟进入会场），也可以让某些与会人员早些离场（即在他们的议案被讨论后离开会场）。

（2）会议议程编排注意要点

① 会议工作人员应在会前准备会议议程，议程不仅能够规范会议的内容，而且可以确定议案的次序与控制会议的节奏。

② 为了让与会者及早做好准备，会议工作人员应在会前将会议议程随会议通知发给与会者。

2.会议程序

会议程序是对会议各项活动，如各种仪式、领导讲话、会议发言、参观活动等，按照先后顺序作出的安排。

3.会议日程

会议日程是指会议期间每一天的具体活动安排，是程序的具体化。会议日程是会议工作人员判断会议组织实施情况、与会人员参加情况的重要依据。

在选择会议时间时，会议工作人员首先应该考虑自己方便出席的时间；其次应该考虑与会人员方便出席的时间。倘若与会人员对会议时间安排有所不满，则势必会影响会议目标的实现。

（1）会议时间必须包括起止时间

经验表明，绝大多数的会议安排都只列明会议开始的时间，而无会议结束的时间。这种做法有两大不足。

第一，与会人员无法对会后的工作做规划。

第二，可能会降低会议的效率。倘若没有结束时间，本来一个小时就可以结束的会议，则可能被拖到三个小时才结束。

为了避免上述两种情况，每一场会议都必须标明结束时间。对于有些会议，比如解决问题的会议，行政人员难以准确地把握结束时间，但至少应指明会议大约要在何时结束。

（2）会议持续时间

会议持续时间以不超过一个小时为宜，因为一般人集中注意力的时间最长不超过一个小时。倘若会议所探讨的是极其严肃或是极其复杂的问题，则会议的持续时间以不超过一个半小时为宜。

 小提示

会议步骤是会议有条不紊进行的保证，会议步骤一旦经过领导批准，就不可随意变动。

三、草拟会议通知

会议通知一般包括会议的名称、会议的目的和主要内容、会议时间、会议地点和食宿地点、与会人员、报到的日期和地点、需要携带的材料及材料的数量和打印规格、个人支付的费用、主办单位、联系人和联系电话等要素。

会议通知最好由与会议主题相关的人员起草，这样更有利于通知的顺利起草。需报请上级单位批准的会议，在报送请示时，要附上会议通知的代拟稿。

下面提供一份会议通知的范本，仅供参考。

会议通知

各部门：

　　根据工作需要，经公司研究，决定召开中层干部培训会议。现将有关事宜通知如下：

一、会议时间

20××年4月18～20日。

二、会议地点

××××26楼会议室。

三、参会人员

项目总监（负责人）、总监代表等中层干部。

四、会议内容及安排

1.中层干部培训会议（4月18日10:00～17:00）。

2.团队建设活动（4月19～20日）。

五、参会要求

1.请参会人员安排好项目工作，按要求准时参会，不得无故缺席。

2.请参会人员服从会议组委会的安排，遵守会场纪律，不得中途退场。

3.请参会人员4月18日9:30到达会场，并签到。

××有限公司
20××年4月8日

四、会议经费预算

　　会议经费预算的项目一般包括与会人员的食宿费、会场的租用费、会标的制作费、会务组和工作人员的食宿费、材料费、照片制作费等。如果需要邀请专家学者讲课、作报告，还要将专家学者的讲课费、交通费和食宿费等算在内。

　　行政人员应为每一次的会议制订经费预算，通盘考虑整个会议，预计可能发生的每笔费用。

五、办理会议报批

重要的会议必须报请领导审批。会议请示要讲清开会的理由、会议的议程、会议的时间及会期、会议地点、参加会议的人数和人员级别、会议的经费预算和准备情况等。

六、下发会议通知

下发会议通知要专人负责，避免漏发、错发和重发。下发会议通知应注意图4-2所示的两点事项。

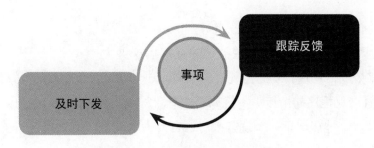

图4-2　下发会议通知的注意事项

1.及时下发

会议通知要及时下发。下发过早，与会人员容易遗忘；下发太迟，与会人员可能收不到会议通知，即使收到通知，也会因难以安排手头的工作无法参加会议，而降低会议的出席率。

2.跟踪反馈

会议通知发出后要跟踪反馈。涉及多个部门、内容重要的会议要随会议通知附会议回执，回执内容包括与会人员的姓名、性别、民族、职务（职称）、联系电话、到会的日期、车次和航班号以及返程的日期、车次和航班号。

行政人员在会前1～2天还要再次联系与会人员，以确保其能够按时参会。

七、准备会议材料

1.会议材料的类型

会议材料主要有图4-3所示的三种类型。

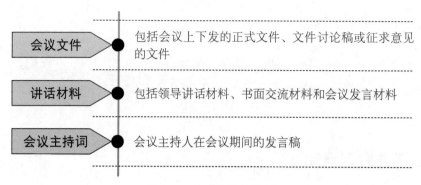

图4-3　会议材料的类型

2.会议主持词的起草

会议主持词的起草要注意以下三点。

① 要力求文字口语化。因为主持词的文字稿仅供主持人使用，其他与会人员没有，所以文字要通俗易懂，切忌出现晦涩难懂的语句，或过分华丽的辞章。

② 要注意会议程序的衔接。主持词要承前启后，简明扼要地总结前面发言人的讲话要点，顺理成章地引出下一个发言人。语言要力求简洁，避免重复和啰唆，切忌话中套话，使人听不出头绪。

③ 主持词的内容要提纲挈领，不要有论述性的话语，篇幅不宜太长，以免冲淡会议的主题。

八、选择和布置会场

开会要借助于一定的场所。会场条件的好坏、舒适程度的高低，会对与会人员的心理产生不可忽视的影响，从而直接影响会议的效果。因此，行政人员要重视会场的选择和布置。

1.会场的选择

① 会场地点的选择。行政人员在选择会场地点时，一定要考虑会议的目的、会议的持续时间和会议的预算。不同会议形式会场地点的选择说明如表4-2所示。

表4-2　不同会议形式会场地点的选择说明

序号	会议形式	具体说明
1	本地现场会议	大多数现场会议（有15人或更少的与会人员）通常都在公司中举行。这种会议花费少、效率高
2	本地非现场会议	行政人员最好亲自考察非现场会议的召开地点

序号	会议形式	具体说明
3	外地现场会议	（1）其他地区的分公司有议题需要与总部管理人员讨论时，常常采用外地现场会议形式 （2）行政人员应进行现场考察。另外，如果分公司也有活动策划人，则要两方合作，共同安排 （3）完成所有准备工作后，行政人员应检查一切是否按照计划进行。如果计划有误，行政管理人员应负主要责任
4	外地非现场会议	一些特别的会议（如销售会议）往往会采取这种形式，而且会议可能会持续很多天。如果想使活动受欢迎，行政人员可以考虑把会场设在风景名胜区，这样，可以使与会人员更为放松地参加会议。但是，行政人员需要事先进行现场考察

② 会场大小的选择。会场的大小要根据与会人数的多少来定，同时还要根据会议的需要考虑会场设备的配备情况，如会场的照明、空调、录音、多媒体等设备。

2.会场的布置

会场选定后，行政人员要做好会场布置工作。不同的会议要有不同的会场气氛，如庆祝大会的会场要喜庆，纪念性会议的会场要肃穆典雅，座谈会的会场要温暖亲切。

大中型会议的会场大多设主席台，会议主持人和与会人员呈面对面形式。大中型会议多在礼堂、会堂召开，主席台一般设在舞台上；中型会议的主席台设在舞台上下均可，如设在台下，则要离与会人员近一些；小型会议不用设主席台。

会场布置形式依会场大小、会场形状、会议的需要、与会人数的多少而定，并要符合美学原理，表4-3为常见会场布置形式说明，供读者参考。

表4-3　常见会场布置形式

序号	布置形式	说明
1	圆桌式	会议工作人员应在圆桌或方桌的周围放置适量椅子，确保会议成员可以自由交谈。此形式适合15～20人的小型会议
2	"口"字形	如果出席会议的人员较多，会议工作人员可以把桌子摆成"口"字形，桌子内侧也可以安排座位
3	"U"字形、"V"字形	在将桌子摆成"U"字形、"V"字形时，会议工作人员要注意屏幕的位置
4	教室式	在召开发布会等以传达信息为目的的会议或员工大会时，由于人数众多，会议工作人员可将会场布置成教室的样子

九、明确人员分工

会议工作人员可分为以下三个小组。

1.秘书组

秘书组负责会议文件、领导讲话稿等材料的起草，整理会议记录，编发会议简报和会议材料的归档等工作。

2.材料组

材料组负责会议材料袋的购买、材料的装袋和分发，以及会议签到等工作。

3.接待组

接待组负责与会人员的食宿安排、会议用品的准备、会场布置，以及工作人员，如礼仪人员、服务人员和摄影人员等的安排，此外还要做好会议经费的预决算工作。

【实战工具08】▶▶

会议用品明细表

会议名称					
主办单位				负责人	
协办单位					
名称	单位	数量	规格		备注
电脑					
激光笔					
投影仪					
麦克风					
摄像机					
……					

十、会前全面检查

会前全面检查是进一步落实会议准备工作的重要环节，一般要邀请有关领导亲临现场给予指导。会前检查一般分为图4-4所示的三个步骤。

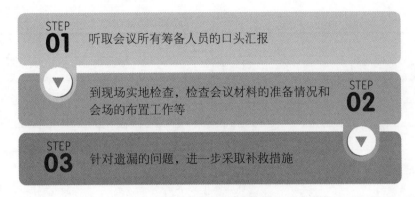

图4-4　会前检查步骤

第二节　会议期间管理

会议期间，是会议工作人员最活跃的阶段，也是工作能力受到最严格考验的阶段。这时行政部工作人员工作的中心任务是：掌握会议动态，协助领导指挥与控制，通过精心的组织和良好的服务，使会议朝着既定的目标进行。

一、检查会议资源准备情况

会议工作人员可以根据会议的准备清单在脑海里反复演练会议的全过程，进行全面的会议资源准备。

二、会议签到

为了准确了解与会人员的出席情况，在会议开始前，行政经理要吩咐会议工作人员做好入场签到工作，统计好出席、列席和缺席人数。

【实战工具09】▶▶▶---

会议签到表

会议主题		主持人	
会议地点		会议时间	

续表

部门	姓名	签名	部门	姓名	签名
缺席人员记录					
部门	姓名	原因			

三、与会人员接待

在大型会议中，会议工作人员可能要接待很多国内外的重要客人，工作人员的一言一行都直接影响企业的形象，所以一定要做好接待工作。具体要求如下。

① 根据客人的重要级别，在征求领导意见的情况下，接待工作可以安排得热烈而得体，如定做欢迎牌（放在会场门口）和欢迎词电子屏（放在会议现场），联系摄影人员拍摄视频、现场拍照等。必要时还要接机（站），应提前根据与会人员会议回执来确定与会人数及与会人员级别、航班（车次）、到达时间，并安排好接机（站）车辆。

② 提前将与会人员的入场证、房间钥匙，以及会议须知等分好，并放在信封内。

③ 在酒店门口放置明显的指引牌，让与会人员到达后能很快找到接待台。当与会人员到达接待台时会议工作人员应将信封交给与会人员，并非常热情地介绍有关情况。

④ 将与会人员递交的名片信息进行分类，给不同的与会人员发不同的资料，并组织与会人员做好签到工作。

⑤ 在与会人员类型较多的情况下，会议工作人员应针对不同的与会人员安排不同的参观、住宿、餐饮、购物、游玩等活动。

⑥ 与会人员全部进入会场后，应迅速统计出席和缺席人员，并及时通知会议主持人。

四、会务资料管理

在会务资料较多、较杂的情况下，资料的管理是会务工作的难点，会议工作人员不仅要做好分类，而且要清晰地掌握每天的资料库存量，具体操作时可以设计相应的表格来清晰明了地列出会务资料的详细情况。

在一些大型展览会上索取资料的人员一般很多，因此，应做到以下几点。

① 会前需对每种资料都了如指掌，以便针对不同的人员发放不同的资料，并与展台总负责人商量资料的份数及发放的小礼品数量。

② 会前应统一确定资料发放的原则。

③ 会前应根据发放原则确定大致的资料数量，重点展览品的资料应单独准备。

④ 每天清点资料余量，将每天的资料用量清清楚楚地列在会务资料整理表上面，这样既可掌握资料的发放状况，又可知道每天的用量，以便领导了解及合理控制。若发现资料缺少，则向企业请求支援。

【实战工具10】▶▶

会务资料整理表

类别	编号	资料名称	总数量	发放数量	发放日期	剩余量

五、会议现场的保密管理

做好会议现场的保密工作，应严格执行企业保密规定，严格执行保密纪律，制定一整套保密措施。

① 会议的文件要准确地划分保密等级，必要时可规定与会人员只能在会场内阅看，离开会场时收回。

② 应注意检查会场上的扩录音设备及通信线路，防止泄密。

③ 对与会人员，特别是现场服务人员应严格限制，加强保密纪律和保密观念教育。

④ 印废的会议文件及底稿，应指定地点存放，妥善保管，在会后或在一定时间内指定专人销毁。

 小提示

　　如果所开的会议是机密会议，比如产品鉴定会的内容属于公司的研发机密，会议的保密工作就显得十分重要。

六、费用管理

财务工作是非常细致的工作，大型会议的费用金额很大，所以需认真对待，应做好如下工作。

① 提前做一个会务费用接收清单。

② 每次会议工作人员到财务那里报销时，都应填好会务费用接收清单，并请财务人员写明费用明细清单，粘贴好，再审核清点一下。

③ 双方在会务费用接收清单上要签字确认。

同时要认真核查、清理如下内容。

① 每张发票要核对好，并仔细辨认真伪，做到日清日结。

② 每天要整理账单并做好记录，否则累积下来，最后无法说清楚每笔费用的去向。

③ 大笔的费用须经相关领导同意才能给予报销或暂借。

七、议程跟踪

① 议程跟踪主要由会务组组长负责，要保证将议程变动及时通知到每一个与会人员。

② 对于自己无法处理的事，要及时上报到会议总协调处。随时收集与会人员的意见和问题，并分类，该反馈的意见和问题及时反馈，该转告的及时请示领导及相关人员。

③ 记录会议期间的来电、传真，要区分信息的轻重缓急，及时处理，以保证各类信息的及时传递。

④ 会议中要随时注意各人员的意向，看他们有何要求，看会议是否需要临时做调整，进程是否需要修改等。

八、编写会议记录与会议简报

会议记录是会议内容和过程的真实凭证，在各种会议上做记录是行政人员的工作之一。会议记录的措辞要符合实际、简明扼要，不能有记录人的见解和评论，必要时可使用录音笔先录下会议全过程，以免做记录时有所遗漏。

会议简报是会议期间编印的关于会议进行情况的简要报道，内容包括与会人员在讨论中提出的意见、建议和会议决定的事项等。

九、会议的新闻报道

有的会议因参加人员多，或社会影响大，或其研究、讨论的问题很重要，常常为新闻界所关注。

重要会议可视情况采取请记者参加会议、召开新闻发布会、发表新闻公报等方式方法进行报道。会议的报道程度取决于会议的重要性及开放程度。行政经理应根据会议的纪律、规定和会议主持人的指示帮助记者做好新闻报道。

十、会议宣传

会议宣传的主体是会议的组织者、主持者及与会人员，通过报纸、电台广播、文娱节目、宣传画、标语口号等，主动讲解会议的意义、会议决定的重大事项、会议取得的成果，使广大群众了解、理解、支持会议和会议所作出的各项决定。会议宣传可视需要选择在会前做、会中做或在会后做。

十一、会议参观

会议参观有两种情况。一种是把会议参观作为会议的主要内容，以增加与会人员的感性认识。这种参观多在现场会一类的会议上出现，要占会议的相当一部分时间。这种参观是会议所必需的。另一种是会议之余组织的参观，这种参观多在会期较长的会议上出现，是调节与会人员紧张状态的一种方式。

无论哪一种参观，行政人员都应认真组织，选好参观地点和参观内容，调度好必要的车辆，参观人数较多时，还应做好分组编队工作。有些会议参观，还应配备好的翻译讲解人员。前一种参观，因是会议的一个重要组成部分，更须精心组织。

十二、会议文体活动

组织会议文体活动的目的是调节与会人员的心情，使与会人员在会议期间有张有弛、劳逸结合，精神愉快地开好会议。会期越长，文体活动应越丰富，以活跃会议气氛，可以就近安排观看一些电影、戏剧、曲艺等，有条件的企业，可以组织专场演出或放映专场电影，还可举办舞会等，以增进与会人员之间的感情。安排的文体活动，应尽量同会议的主题结合起来。

十三、突发事件处理

良好的汇报机制是突发事件能够得到及时处理的基础，行政经理在安排会议工作人员的工作时应考虑到突发事件的处理。如有必要可每日定时召开例会，让工作人员总结当天的工作。

一旦发生突发事件，会议工作人员首先要尽快通知相关责任人，并立刻调动内外部资源处理问题，同时，做好会议议程及相关资料的调整工作，及时通知与会人员。对于无法处理或无权作决定的突发事件，应及时向行政经理或其他在场领导汇报。

第三节　会后管理

会议结束了，并不代表会务工作就随之结束了，对于行政部会议工作人员而言，还有许多工作要做。

一、会场检查

会议结束后，行政经理要督促会议工作人员做好会场检查工作，查看是否有遗漏的文件或物品。会议工作人员可以实行退场检查制，也就是按清单核对携带的仪器设备是否齐全，相关会议资料有无遗漏，然后回收剩余的文件、资料、文具、礼品等，收存会议用的仪器、设备。

二、会场清理

会议结束后，行政经理应指挥会议工作人员清理会场留存的各种会议标志和相关资料。在开展清理工作时，应严格遵守保密规定。

1.在公司召开的会议

如果是在公司办公室或会议室召开的会议，在会议结束后，行政经理要安排相关人员打扫会场，将物品归还相关部门，保持会场干净整洁。

2.在租用场地召开的会议

如果是在租用场地召开的会议，会议工作人员要将属于公司的物品清点并整理好，以防遗漏，最好准备一份公司物品清单，以便一一核对。

三、财务结算

按公司的财务规定，及时处理账务票据，结算会议相关费用。

1.整理相关费用清单

会议工作人员要将所有会议费用清单，如住房结算表、会务费用接收清单等汇总，并按时递交财务部。

2.向财务部递交费用清单

会议工作人员将会议费用清单整理好之后，应先将相关单据上交行政经理审批，然后转交财务部审核结算。

四、会议效果反馈

1.会议满意度调查与总结

会议结束后，行政人员应进行会议满意度调查，认真分析调查结果，总结会务工作存在的问题和改进建议，撰写会务总结。会务总结应特别指明本次会务工作的关键要素、可资借鉴的地方、不尽如人意的环节、改进意见等。

2.会议评估

会议结束后，行政人员要对会议进行评估，以确认会议效果。行政人员可以利用会议成果评估表逐项对会议进行评估。

🔍【实战工具11】▶▶ --

会议成果评估表

会议成果评估内容	评估结果
1.会议是否如期开展	
2.会议的目的及议题是否周全	
3.会场或设备是否合适	
4.会议必要的资料是否齐全	
5.会议是否按计划进行	
6.是否按预定时间散会	
7.全体人员是否了解会议主题	
8.会议开始时，相关人员是否简要地陈述议题的重点	
9.会议气氛是否热烈	
10.在与会人员进行讨论时，是否有偏离议题的论点出现	
11.是否有很多生动且有建设性的发言	
12.与会人员是否有所抱怨	
记载事项：	

五、会议文件的收退

会议文件的收退也称会议文件的清退。通常指重要会议的与会人员在会议结束时，根据规定将会议上发的文件进行整理并退回行政部会务组。此项工作主要在机密程度较高的会议结束时或结束后做。会议文件收退工作程序分为以下三个方面。

① 会议工作人员向会议主席团或主持人汇报发文情况，提出收退文件建议。

② 待主席团或会议主持人批准后，下发收退文件目录，并做必要的解释工作。

③ 会议结束后进行文件的收退，收退时要逐份清点、登记，发现丢失的文件应查清原因，并及时向领导报告。

六、会议文件的立卷归档

会议文件的立卷归档，是指会议结束后将会议文件根据其内在联系加以整理，归入档案。

① 会议文件立卷的原则是一会一卷，其目的是便于日后查找利用。

② 对会议所有材料的形成、使用过程，都要加以注意，包括领导决定开会的批示，会议通知，会议名单，会议主要文件的历次修改稿，会议的议题、日程和程序安排，会议期间的各种文件、各种发言材料、各种记录、简报、快报、会议纪要、会议总结等。凡是印刷下发的文件要留有一定的备份，对会议主要文件的历次修改稿、会议纪要的历次修改稿应注意跟踪，会议一结束，马上按立卷要求收回。

七、其他事务处理

1.送别与会人员

会议工作人员要预先登记与会人员的返回日期和要乘坐的交通工具，以便帮他们代购飞机票或车船票，使他们在会议结束后及时踏上归程。个别需暂留的，要安排好食宿。

2.处理遗忘物品

对与会人员遗忘的物品，要尽快与失主取得联系，及早送还。若距离遥远，可通过快递寄送。

3.寄感谢信

对给予会议帮助的有关人士，要及时寄感谢信表达谢意，措辞要热情诚恳。

4.打印会议记录

打印前要送会议主持人审查，审查通过后要精心编排，打印的会议记录必须准确。

5.其他事项

有时还要草拟会议纪要，整理决议案，写汇报材料。

八、印发会议纪要和决定通知

为了完整准确地传达贯彻会议精神，使会议决定的事项得到认真落实，日常工作会议之后，一般都应印发会议纪要和会议决定办理事项通知。会议纪要的印发范围应根据纪要内容确定。

① 绝密级的会议纪要只印发给与会领导。

② 一般会议纪要可印发给参加会议的人员，并视情况决定是否加发给会议内容涉及的部门。

③ 有些会议纪要保密性强，不需要部门知道其全部内容，只需他们知道有关会议决定事项的，可印发会议决定办理事项通知，即决定通知。

④ 会议纪要、决定通知都要标明密级，并进行编号。

第四节　远程会议管理

远程会议是指利用现代化的通信手段，实现跨区域召开会议的会议形式；要召开远程会议，通常需要有通信线路、远程会议系统，当然在某些情况下还需要专业的服务协助以获得更好的远程会议效果。

一、远程会议的分类

远程会议可分为如下几类。

1.电话会议

电话会议也称作远程会议，是一种经由PSTN（公共交换电话网络）渠道，借助多方互联的信息手段，把分散在各地的与会者组织起来，通过电话进行业务会议的会议形式。

电话会议具备方便快捷、实用高效的特点，节约了大量的交通、场地和时间成本，深受广大业务繁忙、惜时如金的商务人士喜爱。

2.网络会议

网络会议又称远程协同办公，它可以利用互联网实现不同地点、多个用户的数据共享。网络视频会议是网络会议的一个重要组成部分，根据会议对软硬件的需求程度，大致可以将其分为硬件视频会议、软硬件综合视频会议、软件视频会议三种形式。

3.视频会议

视频会议是指两个或两个以上不同地方的人或群体，通过传输线路及多媒体设备，将声音、影像及文件资料互相传送，可即时互动沟通，以实现会议目的的系统设备。该系统是一种典型的图像通信系统。在通信的发送端，将图像和声音信号变成数字化信号，在接收端再把它重现为视觉、听觉可获取的信息，与电话会议相比，具有直观性强、信息量大等特点。

视频会议不仅可以听到声音，还可以看到与会者，所有与会者可面对面商讨问题、研究图纸等，与真实的会议无异，使每一个与会者有身临其境之感。

二、远程会议的筹备

1.会前准备

行政经理应统筹部署，合理安排，兼顾地域、时间等差异，提前确认流程、会议资料等。与会人员收到通知后，应及时反馈并同步做好准备，如不能参加要及时请假。

提前做好资料的准备，是远程会议成功的基础。一方面是准备会议要用到的资料，另一方面是将会议的议程提前发布，方便与会人员自行准备一些资料。

议程发布之后，与会人员会对议程了然于胸，对会议的安排也会有提前的了解，便于提前考虑准备自己需要准备的内容。

2.选择会场

远程会议受环境影响比较大，会场环境能保持安静且不被打扰是基本要求。

3.调试设备

主办方应选择适宜各方环境，具备研讨、签约等特定功能，稳定性较好的远程会议软件，组织参会各方会前进行设备调试。与会人员应熟悉远程会议操作流程，提前做好设备、网络故障等突发事件的应急预案。

如果与会人员使用固定电话进行电话会议，行政人员需提前检查线路是否畅通；如果与会人员使用手机进行通话，需提醒与会人员提前检查信号是否不受干扰，电量是否够用。

4.制定会议基本规则

行政人员作为会议组织者，需要在会议开始之前，申明必须遵守的基本规则，包括：会议的主题、参加会议的人员、会议的时间、会议工作人员的分工、会议的纪律等，以保证会议的有效进行。

5.做好记录

参会各方应做好会议记录，行政经理应安排专人做好录屏、重点内容截屏、信息速录等资料收集、整理和留存工作，并进行归档。会议纪要应及时下发，并通过网络追踪跟进确定事项。

6.会后跟进改善

会议是头脑风暴发生和决策制定的地方，行政经理应在会后跟进关键要点，重述决策或行动计划，这有助于明确信息。会后跟进的另一个重要部分是询问与会人员参会体验，以及是否有意见反馈，以使远程会议更有成效，让未来的远程会议更高效。

 相关链接

如何做好大型电视电话会议的组织服务

电视电话会议具有覆盖面广、组织便捷、务实高效等特点。通过总结电视电话会议组织服务的经验做法，尝试探索其中规律，以期未来电视电话会议的组织服务工作更加规范、严密、顺畅。

1.合理选择会场

大型电视电话会议一般设一个主会场和若干分会场。各会场的选择要根据会议规模、技术条件和配套服务等因素综合确定，注意是否具备电视电话会议专用线路、设备，或是否具备临时架设相关设备的技术条件，涉密会议还要充分考虑安全、保密等因素。

关于主会场，一般设置独立的主席台，高度、宽度、进深应当合适，对面及两侧有足够空间布置各类屏幕；其次要有空间适宜的台下会场，大小应满足参会人数需要，尽量方正，台下会场前排与主席台之间要留有适当距离。

关于分会场，最好选择阶梯式会场，这样可更好地展示与会人员的整体画面，减少前排对后排的遮挡；分会场不是阶梯会场的，拍摄的摄像头位置不能过低，要尽量拍到会场全景。分会场一般不再单设主席台，与会人员均面向显示主会场画面的大屏幕就座。各分会场的形式和布局应尽量统一。

2.科学布置会场

电视电话会议的会场布置除了要有与现场会议相同的常规要素外，还要重点关注主会场与各分会场的交流，特别是屏幕设置要尽量符合日常交流习惯，满足全体人员观看需要。要通过统一规范的会场布置和科学的屏幕设置，提升会议的整体感。

（1）主会场布置。应重点考虑两个方面：一方面是供主席台就座人员观看的屏幕。一般设置在主席台与台下会场第一排之间的位置，且不能对主席台就座人员与台下会场人员之间的目光交流造成影响。若主席台较宽，应多设置几块屏幕，左右对称，避免主席台就座人员转头向侧面观看。若主席台与台下会场之间距离不够，也可将屏幕设置在会场正后方，屏幕尺寸应满足清晰观看的需要，高度要适宜。另一方面是供主会场台下就座人员观看的屏幕。一般布置在两个区域，一是在主席台两侧，面向台下会场，尺寸高度应满足整个会场尤其是后排人员清晰观看的需要；二是在主席台与台下会场第一排之间，方便台下前排就座人员观看，避免前排人员频繁转头向侧面观看。

（2）分会场布置。需重点关注供与会人员观看的大屏幕，大屏幕应设置在会场正前方，尺寸要满足会场全体人员清晰观看的需要，不能过高或过低，以人员端坐平视的高度为宜。分会场还要设置统一会标，标明分会场规范名称，一般通过技术手段直接显示在本会场画面的右下角，注意不要遮挡分会场应显示的其他要素。

（3）发言人位置安排。根据会议议程，部分会议需安排主会场或分会场人员发言，可根据需要单设发言席，其应符合背景简洁、单人出镜、规格统一的要求，安排单独镜头从正面平视角度拍摄发言人，各发言人在画面中的比例应保持一致。

3.做好周密的会前准备

组织一场大型电视电话会议前，务必扎实周密地做好会议组织和技术保障等各方面准备工作，详细制订会议组织服务工作方案、视频切换脚本、特殊情况应对预案等。

（1）建立协同高效的会议工作体系。既要保证会议组织和技术保障两个团队统一行动、无缝衔接，又要保证主会场和分会场工作人员联络通畅、反应迅速。应提前召开相关工作人员参加的会议工作协调会，建立主会场和分会场工作人员联络机制，明确分工，压实责任。

（2）提供安全流畅的信息技术保障。技术上要确保画面和声音同步、流畅，不能卡顿，更不能发生"掉线""断线"等情况，一般应准备双路保障，且能"无缝切换"。要营造主会场与各分会场整体一致的氛围，通过合理布置拾音器，打通环境音效，使主会场响起的热烈掌声等能够实时传递到各分会场，增强会议现场感，营造主会场与分会场良好互动的氛围。会前1～2天要与各分会场联调联试，会议组织人员和技术保障人员协作配合，逐一检查落实会议各要素，发现问题及时解决。

（3）预制详细准确的视频切换脚本。电视电话会议交流的主要渠道是视频画面和声音传播，做好画面切换，适时展示会场全景和会议重点环节，可大幅提升会议效果。视频切换脚本要精准化、精细化，提前制订每块屏幕不同时间段要展示的具体内容。

一方面，要根据不同人员的需要展示不同画面。主席台就座人员需看到主会场和各分会场画面，主会场台下人员需看到各分会场画面，分会场人员既需看到主会场主席台画面，又需看到主会场台下画面。

另一方面，要有区别地展示会议的"焦点""重点"和"全景"。讲话的领导、主持人、发言人是会议的"焦点"，尤其是领导作重点强调或脱稿讲话的精彩镜头，要充分展示；主席台是会议的"重点"，要安排专门的画面展示，还要适时展示主席台每位领导的单人画面；主会场和各分会场是会议的"全景"，要注意展示清楚，若分会场数量较多，应轮流展示，提前编排好各分会场画面展示的顺序和时长。

4.精心做好现场服务

现场服务的主要任务是确保会议各项议程按既定方案执行，维护好主会场和分会场秩序，对出现的特殊情况及时应对处理，确保会议效果。会前1小时左右应再次与各分会场进行联调联试，对会议各要素进行最后的检查落实工作。检查完毕后至领导入场前的准备时间，主会场音频和画面可先切走，播放备用视频，待会议即将开始时再同步显示。会议开始后应密切关注会议进程并提前做好相关准备。

比如，领导快入场前，镜头应提前切到进场方向；发言人准备发言时，一般提前到发言席就座，画面也要及时切换到位；要关注会场情况，有违反会场秩序和会风会纪的情况要及时提醒纠正；等等。会议过程中还要及时发现特殊情况，做到准确研判、快速处置。

第五章

企业文化管理

文化如水，润物无声。企业文化是企业的血脉，是企业员工的精神家园。企业文化，立足于现实需求，着眼于未来发展。21世纪是文化管理的时代，企业文化是企业的核心竞争力所在，是行政管理最重要的内容之一。

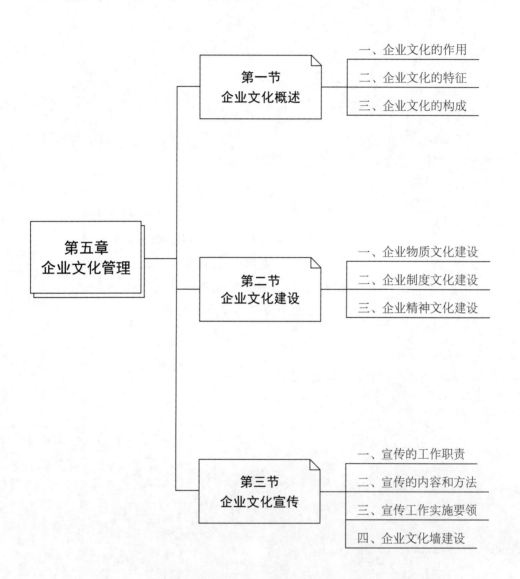

第一节　企业文化概述

企业文化，或称组织文化，是一个由企业价值观、信念、仪式、符号、处事方式等组成的特有的文化形象，简单而言，就是企业在日常运行中所表现出的各方各面。

一、企业文化的作用

企业文化是企业发展过程中不可缺少的一部分，优秀的企业文化能够营造良好的企业环境，提高员工的文化素养和道德水准，能形成凝聚力、向心力和约束力，形成企业发展不可或缺的精神力量和行为规范；能对企业产生积极的作用，使企业资源得到合理的配置，从而提高企业的竞争力，这也是很多企业重视企业文化建设的原因所在。具体来说，企业文化有图5-1所示的作用。

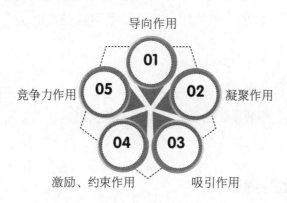

图5-1　企业文化的作用

1.导向作用

企业文化就像是一个无形的指挥棒，潜移默化地影响着员工，引导企业与员工向着同一个目标前进。优秀的企业文化更是对企业过往发展经验、成功经验、失败教训的汲取与升华，并落实到企业经营实际中。企业文化落实到实际中就是企业管理风格、企业制度、企业机制、品牌形象、激励考核、员工风貌、行为规范等。

2.凝聚作用

企业的发展离不开每一位员工，而企业文化则可以凝聚人心，当员工认同企业文化，并遵守、尊重、维护企业文化时，员工就会有责任感、自豪感、认同感、归属感，从而产生强大的企业凝聚力，将员工与企业紧密地联系在一起，共同推动企业持续高效发展。

3.吸引作用

优秀的企业文化，不仅仅对员工具有很强的凝聚作用，而且对于企业合作伙伴如客户、供应商，消费者，以及社会大众有很大吸引力。优秀的企业文化在稳定人才和吸引人才方面也起着很大作用，同样的道理，其他企业也愿意找这样的企业寻求合作。

4.激励、约束作用

众所周知，愉悦的工作氛围和工作环境可以让员工工作变得更加有激情，相反，钩心斗角、尔虞我诈的工作氛围，或者脏乱差的工作环境，会让员工不能舒心工作。因此，优秀的企业文化对员工有激励鼓舞的作用，企业文化所形成的良好工作气氛就是一种精神激励，能调动员工的工作积极性。同时，企业文化也具备一定的约束作用，企业文化发展到一定程度就会形成一种默认的约束，会让员工明白哪些可以做，哪些不建议做，哪些不能做，这种非正式的软约束方式同样对员工的行为产生约束力。

5.竞争力作用

好的企业文化，可以带动企业健康发展，激发员工积极性，使员工在工作时更有热情，同时可以提高工作效率，给企业效益提高注入新的动力。所以，企业的竞争力不光是表现在技术上，还体现在企业文化上。

二、企业文化的特征

企业文化具有图5-2所示的特征。

图5-2　企业文化的特征

1.独特性

企业文化有其鲜明的个性和特色，具有相对独立性，每个企业都有其独特的文化积淀，这是由企业的生产经营管理特色、企业传统、企业目标、企业员工素质以及内外环境决定的。

2.继承性

企业在一定的时空条件下产生、生存和发展，企业文化是历史的产物。企业文化的继承性体现在三个方面：一是继承优秀的民族文化精华，二是继承企业的文化传统，三是继承外来的企业文化实践和研究成果。

3.相融性

企业文化的相融性体现在它与企业环境的协调性和适应性方面。企业文化反映了时代精神，它必然要与企业的经济环境、政治环境、文化环境以及社区环境相融合。

4.人本性

企业文化是一种以人为本的文化，其最本质的内容就是强调人的理想、道德、价值观、行为规范在企业管理中的核心作用，强调在企业管理中要理解人、尊重人、关心人，注重人的全面发展，用愿景鼓舞人，用精神凝聚人，用机制激励人，用环境培育人。

5.整体性

企业文化是一个有机统一的整体，它使员工的发展和企业的发展密不可分，引导企业员工把个人奋斗目标融于企业发展的整体目标之中，去追求企业的整体优势和整体意志的实现。

6.创新性

创新既是时代的呼唤，又是企业文化自身的内在要求。优秀的企业文化往往在继承中创新，随着企业环境和国内外市场的变化而改革发展，引导大家追求卓越，追求成效，追求创新。

三、企业文化的构成

企业文化由表面层的物质文化、中间层的制度文化和核心层的精神文化构成。

① 表面层的物质文化，称为企业"硬文化"。包括厂容，厂貌，机械设备，产品的造型、外观、质量等。

② 中间层的制度文化。包括领导体制、企业人际关系，以及各项规章制度和纪

律等。

③ 核心层的精神文化，称为企业"软文化"。包括各种行为规范、价值观念、企业群体意识、职工素质和企业优良传统等，是企业文化的核心，被称为企业精神。

第二节　企业文化建设

企业文化建设作为企业行政管理工作的重要组成部分之一，既是企业行政管理工作的主要内容，又是企业持续发展的助推器以及驱动力，是企业和谐发展必不可少的工作内容，在企业管理中起到十分重要的作用。

一、企业物质文化建设

企业物质文化建设是企业文化建设的重要组成部分和重要内容，是企业文化建设的首要步骤，是企业制度文化和精神文化建设的基础和前提。

企业物质文化建设的内容主要包括图5-3所示几方面。

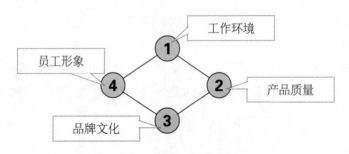

图5-3　企业物质文化建设的内容

1. 工作环境

企业的发展，要有完整的且完善的生产设施和生产场所、齐全的办公条件和办公环境、必需的信息系统、必需的生活娱乐场所等。凡是企业所必需的物质文化，企业一定要具备，在以后的发展过程中可以逐步对其他的物质文化进行建设和发展。

 小提示

良好的工作、生活环境，可以满足员工更高层次的物质需要，可以调动员工工作的积极性，激励员工更加努力地工作，从而促进企业的发展。

2.产品质量

企业销售核心产品和企业提供主要服务是企业获取经济利益的主要来源，是企业发展所需资金的主要来源，关系着企业的繁荣和衰亡。所以，企业要加强对核心产品的生产和服务能力建设，寻找更多的市场空间，提高产品的质量，提供更优质、更丰富的服务。

3.品牌文化

企业知名度的大小、企业影响程度的大小、企业产品和服务质量的高低，很大程度上取决于企业独有的品牌文化。无论是生产制造型企业，还是服务型企业，都要打造属于自己的品牌文化。通过高质量的产品和良好的服务来提升企业的品牌影响力和感染力，建设起企业独特的品牌文化，有助于企业获得巨大的无形资产和巨大的市场空间。

4.员工形象

员工形象能最直观地反映企业的实力，打造企业品牌势必要注重企业员工的外在形象和个人素质。

① 企业可为员工定制整齐、庄重的工作制服和带有个人信息的胸牌，通过电视、杂志、企业网站等多种方式展现员工的精神面貌，从而提高企业的知名度和信誉度。同时，还可以增强员工的责任感、自律感，提升员工的感知力、凝聚力和向心力，为企业文化建立深厚的群众基础。

② 企业要为员工提供培训机会，通过培训来提高员工的专业技能与个人修养。现在的市场竞争无疑是品牌的竞争、人才的竞争，是一个企业整体素质的竞争，因此，行政部门可多组织培训学习，提升员工的凝聚力，激发员工的创造力，建设一支高素质的杰出团队。

二、企业制度文化建设

制度是企业文化的支撑，是企业价值观、经营理念等意识形态的体现，能给企业带来无形的效益。行政工作的核心是制定并执行相关规章制度和行为准则，企业只有在完善的规章制度的保障下，才能完成近期计划和远景规划，从而实现企业的宗旨和最高目标。

制定符合企业发展需求的规章制度和行为准则是行政部门的重任，这就需要行政经理具有勇挑重担、不怕错误曲折的信念，具有很强的与时俱进、敢于创新的精神，能够从企业的实际需要和员工的切身利益出发，设身处地全面考虑问题。

1. 健全企业管理制度，在制度中融入企业文化理念

企业想要良好地发展，必须具备两个先决条件，即企业制度和企业文化。只有将两者有效融合，才能为企业创造更大的利益。对此，行政经理可以从图5-4所示的三个制度的特性入手，在制度中融入企业文化理念。

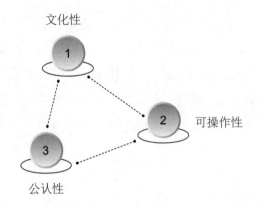

图5-4　制度的特性

① 文化性。一种新的文化价值观被认可，被接纳，不能简单地通过对旧价值观的批判和否定来实现，必须借助制度的力量引导员工逐步接受新价值观，认同新价值观。制度是为了让员工更好地理解和落实企业的价值观，是固化企业文化的过程。所以在制定和执行规章制度时，必须掌控好企业文化与制度的融贯性，防止"知行不一"现象的发生。总的来说，凡是企业文化提倡的，必须在制度中有诠释，有体现；凡是与企业文化相悖的，必须修正或废弃，防止刚性的制度对企业文化的抵触和侵蚀。

② 可操作性。针对企业的实际情况，明确相关的工作流程，制定出切实可行的制度，而不是按照过去的职能模式将规定写出来就大功告成了。制度语言上要注意将国家法律法规、上级政策精神转化成本企业熟知的语言，具体制度的条款措辞要严谨，提高制度的可执行性。

③ 公认性。企业的规章制度不是制定者一人制定的，必须在一定范围内听取员工意见和想法，征求员工的建议，然后集中民智，根据企业的实际情况制定，具有公开性、公共性。同时要以人为本，体现人文关怀，既要给人以约束力，又要给人以动力，为职工自我发展、自主管理打好基础，从而赢得员工的认可。

2.制定与企业匹配的制度

① 制定流程制度。很多时候即使个体能力再强，如果工作流程有问题，也不会有很好的结果，所以制定实体制度的同时还要制定相应的程序制度，进行系统设计。

② 形成制度建设的循环系统。建立与制度相匹配的推行、检查、评估体系，定期监督检查制度的推进与执行情况，特别要强化"责任倒查机制"，提高执行力。同时，还要及时组织制度的补充完善工作，保证制度的有效性、科学性。

③ 关键节点设计。在工作流程中，在充分考虑变量因素的前提下明确各环节的责权，以解决目前出现的跨部门工作在衔接、配合上存在障碍的问题，保证跨部门工作衔接的关键节点对条件变化的适应性，使企业在配置资源、解决问题等方面满足客观情况变化，避免"个人无责、组织有错"类似事件的发生。

3.保证各项制度实施贯彻和推广

制度的制定只是前提，只有推广和落实才能真正体现制度真正的价值。制度的有效性不在于制度设计得多么精良、多么科学，而在于其是否被严格地执行和落实。

① 提升执行力。提升执行力一定要树立制度的威信，通过制度的制定和实施来贯彻市场意志和领导意志。制度制定后必须严格贯彻和落实，不可以因为特殊情况而让执行"打折扣"。

② 制度的普适性。制度的普适性不仅体现在内容上，还体现在实施中。企业中的任何人都要受到制度的约束。制度对事不对人，无论谁违反了制度规定都要付出代价，体现了权利与义务的对等。

③ 领导的执行力。理论上讲，领导者对制度身体力行的程度在某种程度上反映了企业具有什么样的企业文化。要避免因领导对制度不熟知而发生"以言废法""批示代替制度"的情况；反对领导有意无意对下属不执行制度行为的放纵，防止制度不被尊重，甚至被架空的情况发生。通过领导的身体力行，压缩制度执行的"潜规则"空间。

4.检查、监督和考评，确保制度的落实

行政经理要对制度的实施和推广展开经常性的检查、监督和考评，以推进企业制度的真正落实，完善企业的制度文化建设。

要加大监察力度，及时发现违反制度的行为，做到疏而不漏；摒弃"好人"思想，对于违反制度的行为予以严惩，提高制度违反成本。提高制度的权威性，真正让制度成为人们行为的底线、高压线。

5.得到员工认同

企业制度要成为具有企业特色的文化内容，还需要有个前提条件，那就是要得到员工认可。员工认可是制度上升为企业文化的必备步骤之一。做好这一步骤的关键是解决好制度文化效力点所在的问题，也就是解决好企业精神、价值观的"柔"与制度化管理的"刚"有效结合的问题。这个问题，实际上涉及一种基本的人性和人情观的问题。制度文化的效力点不在别处，而在人的心灵。所以，要坚持"以人为本"，在保证制度顺畅执行的前提下，尽量减弱人与制度之间的对立。在企业制度文化建设的过程中坚持"以人为本"，具体措施如图5-5所示。

1 鼓励员工参与企业各项制度的制定工作，倡导民主管理制度和民主管理方式

2 重视各项制度在执行中的反馈意见，广泛接受企业员工和广大服务对象的意见、批评和建议，及时做好有关制度的调整工作

3 完善公开制度，增加工作的透明度，让员工知情、参政、管事，使企（司）务公开工作更广泛、更及时和更深入人心

图5-5　制度文化建设中坚持"以人为本"的措施

实践证明，坚持"以人为本"，走群众路线，使制度"从群众中来，到群众中去"，有利于保证各项制度的合理性和可行性。

三、企业精神文化建设

企业精神文化是用以指导企业开展生产经营活动的各种行为规范、群体意识和价值观念，是以企业精神为核心的价值体系。展现一个企业独特的、鲜明的经营思想和个性风格，反映着企业的信念和追求，是企业群体意识的集中体现。企业精神文化建设主要包括图5-6所示的内容。

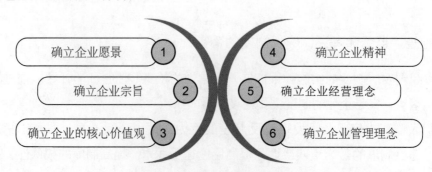

确立企业愿景　**1**　　**4**　确立企业精神

确立企业宗旨　**2**　　**5**　确立企业经营理念

确立企业的核心价值观　**3**　　**6**　确立企业管理理念

图5-6　企业精神文化建设的内容

1.确立企业愿景

企业愿景又称企业远景，简称愿景。所谓愿景，是指由企业内部成员确立，经团队讨论，获得企业一致的共识，大家愿意全力以赴的未来方向。

① 企业愿景的内涵。无论一个企业是否拥有振奋人心的愿景口号，其愿景必须有三个方面的内涵，如图5-7所示。

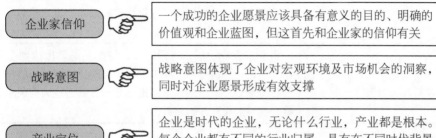

图5-7 企业愿景的内涵

② 企业愿景的确立要求。确立企业愿景，需要注意表5-1所示的五点要求。

表5-1 确立企业愿景的要求

序号	要求	具体说明
1	企业愿景必须相对清晰	企业愿景是企业未来发展的方向灯，一定要反映出企业未来发展的行业、区域或客户。如果未来发展的行业、区域、客户方面不清晰，企业在经营管理中很容易迷失方向。企业愿景所指示的企业未来发展领域一定要有前景，如果未来发展领域前景不好，会对企业的长远发展不利
2	企业愿景必须远大而且切实可行	企业愿景应该是一个充满理想，可以给人带来憧憬和向往的远大目标，必须具有前瞻性、开创性和挑战性，而且一般需要通过十年至二十年时间，甚至更长时间的努力才能达到。这样企业可以用它来鼓舞人心、激发企业员工的激情。短期企业愿景无法起到鼓舞和统一人心的作用，只会被人视而不见。另一方面，必须让员工觉得企业愿景实实在在，最佳方式是让员工真切体会到愿景实现后企业将呈现怎样的面貌，这也是管理所面临的挑战。只有让愿景切实可行，然后才能逐步制订具体的策略，使其实现
3	企业愿景要容易理解和传播	企业愿景要容易被员工理解、记住，用短小精悍的语句阐述比较好，太长或太复杂的愿景阐述容易被员工忽视。企业愿景还要容易传播，而且不容易产生歧义。只有企业愿景能被比较好地理解，而且真实传播时，才能真正发挥企业向心力的作用

续表

序号	要求	具体说明
4	企业愿景的确立要多人参与	确立愿景的权利不只专属于企业负责人，企业内部每位成员都应参与构思企业愿景。通过确立愿景的过程，大家能相互进行充分沟通，达成对企业未来发展方向的共识。只有愿景成为企业每个成员的向往时，愿景实施的效能才会高。沟通本身就是愿景的共享过程，只有在企业的各个层面进行横向、纵向的反复酝酿，不断提炼，进行切实有效的沟通才能确立真正的愿景
5	企业愿景一旦确立，就要对其大力宣传	要谈论企业愿景，推销愿景，将企业愿景传达到企业的每个角落，让每一位员工深刻理解企业愿景，让每一位员工都觉得自己是企业愿景的一个关键部分，并真心地为实现愿景而奉献，最终形成良好的凝聚作用

2.确立企业宗旨

企业宗旨是关于企业存在的目的或企业对社会发展的某一方面应做出贡献的陈述，有时也称为企业使命。

企业宗旨是企业存在的目的和理由。明确企业的宗旨，就是要确定企业实现愿景目标所要承担的责任或义务。

① 企业宗旨的内容。一般来说，企业宗旨不仅陈述了企业未来的任务，而且阐明了为什么要完成这个任务以及完成任务的行为规范是什么。也就是说，尽管企业宗旨的陈述千差万别，但它都要回答两个基本问题：第一，我们这个企业是干什么的和按什么原则干；第二，我们这个企业应该树立什么样的社会形象以区别于其他同类企业。因此，企业宗旨应该包括图5-8所示的内容。

企业形成和存在的基本目的。这一内容反映了企业的价值观念、企业的基本社会责任和企业期望在哪方面为社会做贡献

企业为实现基本目的而从事的经营活动范围。这一内容规定了企业在战略期的生产范围和市场范围

企业在经营活动中的基本行为准则和原则。这一内容阐明了企业的经营思想。经营思想往往反映在企业的经营方针中

图5-8 企业宗旨的内容

② 企业宗旨的设计。为了从战略角度明确企业宗旨，设计者设计的企业宗旨应系统地回答下列问题。

a.我们的事业是什么？

b.我们的顾客群是谁？

c.顾客的需要是什么？

d.我们用什么特殊的能力来满足顾客的需求？

e.如何看待股东、客户、员工、社会的利益？

总而言之，企业宗旨主要应阐明企业增值活动、产品或行业、客户或市场、企业的贡献。先组织管理人员进行培训，阐明宗旨的重要性以及设计宗旨的方向与内容，然后动员全体人员集思广益，围绕上述几个要素进行编写，收集整理后筛选出有代表性的设计，在征求全体员工的意见后，由中高层管理人员、股东讨论定稿。

3.确立企业的核心价值观

核心价值观是企业哲学的重要组成部分，它既是企业在发展中处理内外矛盾的一系列准则，如企业对市场、对客户、对员工等的看法或态度，又是表明企业如何生存的主张。

真正的企业核心价值观，必须符合如下标准。

① 它必须是企业核心团队或企业家本人的肺腑之言，是企业家在企业经营过程中身体力行并坚守的理念。如有些企业的核心价值观中有"诚信"这个字眼，但在实际经营过程中并没有体现出诚信的行为，那么它就不是这家企业的核心价值观。从这个角度说，企业家在确定核心价值观时不能照搬照抄，世界500强企业的核心价值观不一定就是你的核心价值观。如"创新""以人为本"或"追求卓越"等，它可以是价值体系的一部分，但并不一定是核心价值观。

② 核心价值观必须是真正影响企业运作的精神准则，是经得起时间考验的。因此，它一旦确定下来就不会轻易改变。

③ 数量不会太多，通常是五到六条。有些企业在建立核心价值观时经常有一些错误的观念，喜欢大而全的论述，所以请一些所谓的专业人士撰写出一本本理念手册。殊不知这些理念可能只是哗众取宠的漂亮文字而已，既误导了员工又难以形成价值观体系。

4.确立企业精神

企业精神是指企业基于自身特定的性质、任务、宗旨、发展方向，结合时代要求，经过精心培养而形成的企业成员群体的精神风貌。企业精神要通过全体员工有意识的实践活动体现出来，因此，它也是企业员工观念意识和进取心理的体现。企业精神是企业文化的核心，在整个企业文化中占据支配地位。企业精神以价值观念为基础，以价值目标为动力，对企业经营哲学、管理制度、道德风尚、团体意识和企业形象起着决定性的作用。可以说，企业精神是企业的灵魂。

① 企业精神的内容。企业精神主要包括图5-9所示的三项内容。

内容一	员工对本企业的特征、地位、形象和风气的理解和认同
内容二	由企业优良传统、时代精神和企业个性融汇而成的共同信念、作风和行为准则
内容三	员工对本企业的生产、发展、命运和未来抱有的理想和希望

图5-9　企业精神的内容

企业可以根据自己的情况提炼出能够充分显示自己企业特色的企业精神。

② 塑造企业精神。塑造企业精神时要注意图5-10所示的事项。

1	要处理好企业自然求索与社会求索的关系，以处理企业人与人之间的关系为基础，以提高企业生产力为出发点塑造企业精神
2	处理好中国文化与西方文化的关系，人类文明是有社会差异、地域差异的，但是可以以我为主，彼此吸收，博采众长
3	处理好现代文化与传统文化的关系，塑造企业精神必须面向现代化、面向世界、面向未来，传统文化中的糟粕部分必须抛弃，精华部分要力求汲取
4	在企业物质文明和精神文明建设实践中形成理性认识，然后据此指导实践，如此往复，不断完善企业精神

图5-10　塑造企业精神时的注意事项

5.确立企业经营理念

经营理念是企业的发展方向、共同信念、经营目标，它是指导企业一切经营活动、制度、思维方式的根本，是企业经营战术战略的核心。

① 经营理念的组成。一套经营理念包括图5-11所示的三个部分。

对企业环境的基本认识，包括对社会、市场、科技等环境的预见	对企业特殊使命的基本认识	对完成企业使命的核心竞争力的基本认识

图5-11　经营理念的组成

② 经营理念的建立。经营理念的建立步骤如图5-12所示。

第一步	彻底了解并分析既有经营理念的构成要素，如企业使命、管理理念、行为准则、企业文化、视觉系统、经营方针等内容
第二步	清楚把握企业经营的意图（到底要成为怎样的企业）
第三步	分析时代潮流的趋势并与上述两项内容作比较，分别归纳其是否合于潮流，按合于潮流、不合于潮流、保留这个三选项分类分别加以讨论，决定取舍
第四步	了解一般消费者、传播界、厂商对于自己企业的认识、评估、期待
第五步	了解企业内部对企业经营管理的要求和希望
第六步	了解企业经营管理的长处、弱点及需要加强的地方，并引进企业没有的技术、知识
第七步	整理、归纳、确定理念内容
第八步	理念公有化

图5-12　经营理念的建立步骤

6.确立企业管理理念

管理理念是企业管理活动的指导思想，是管理者对管理理性的认识，进一步说是对管理是什么及将会是什么的认识。管理理念的定位是企业能否可持续发展的关键。比如当今的管理理念是"从以物为本走向以人为本、以知识为本"，如果管理者不能认识到这样的趋势并融入进去，必将被市场与社会淘汰。

 **相关链接** ⟨··

企业文化如何落地

企业文化管理在经历较长时间的完善和补充之后，已经成为各大企业的灵魂。一个企业如果没有自己的文化，将来的发展一定会受到阻碍。企业文化虽然已经得到了大部分人的承认，但是需要注意的是，企业文化并不应该作为简简单单用来"装饰"的口号，而应该落地生根，融入企业的方方面面。

企业文化的落地，需要经历四个重要的转化过程，从而真正实现企业文化的制度化和全面化，让企业文化落地。

一、内容上化繁为简

企业的发展不可能不经历千辛万苦，如何在经历考验后真正提炼出底蕴深厚的文化才是重点。在企业文化落地的过程中，需要删繁就简，去伪存真。

因此，要让企业文化落地就需要企业掌握文化发展的规律和自身的特点，避免盲目照搬他人的模式和文化理念。从以往企业运行的各种行为过程中综合提炼出企业文化核心，并想办法将其进行实践与执行，修正偏误的理念，最终成为内容简单但是内涵不简单的文化理念，并在实践过程中不断重复这个过程，最终促成企业文化的落地。

二、形式上化虚为实

企业文化经常被人认为是虚无缥缈的，但是也有人将其理解为一种企业的氛围和凝聚力。所以在企业文化落地过程中，需要将浮于形式的企业文化转化为实际的行为，并创造出实际效益。

在企业文化落地过程中，管理者不应否认美丽的"包装"的重要性，但是企业文化不仅仅局限于此。一个成功和成熟的企业文化是要满足员工需要，为企业创造美好愿景的，同时也能够为企业所有员工提供规范行为的基本准则。企业文化需要充分发挥人的精神作用，并借文化这个途径将企业员工的精神力转化为企业的创造力，最终推动经营绩效的提升。

三、传播中化线为面

企业文化要想成功落地，员工能否真正接受企业文化，客户能否对其满意才是关键。只有管理者能够理解的企业文化是不能成为企业长久发展的动力的。因此，扩展传播企业文化也应该是企业文化落地的重要环节。

企业在宣传企业文化过程中，需要逐渐培养员工的行为习惯，应从管理者到员工这一条线逐级展开，最后通过网站、内部软件和宣传栏等载体，将符合企业文化的行为规范扩展到所有员工。这一个过程还需要结合其他行动，例如来自企业的监督、考核、奖励和惩罚，以此来提高员工的参与认同感，或是通过认可员工的行为来创造模范效应。当这种"成面"的广泛行为规范建立起来，企业就可以从中树立榜样，建立文化形成的"风向标"，从而充分发挥引导作用，将原本抽象的企业文化转化为具体生动的形象，让员工理解并产生共鸣，进而推动企业文化落地。

四、管理中化念为制

企业文化落地的结果，一定是企业文化理念的落地，也就是形成一套合理的制度和政策。如果缺乏合理的制度和政策，那么在企业文化落地的过程中可能发生偏颇和失真的问题。因此，企业文化落地需要将企业文化理念渗透到制度的各个方面及各个环节。

企业的发展需要员工的支持，因此，让员工发自内心地接受企业文化，并将自身行动和企业文化相结合，才是企业文化落地的目的。企业需要完善激励制度，让物质激励和精神激励结合，充分调动员工的积极性，营造良好的工作氛围，充分挖掘员工的潜力，最终实现企业和员工的共同发展。

当然在最后，企业文化落地达成的结果并不只是"落地"，还需要管理者在以上四个过程中不断收集、分析、整理、总结和提炼，将企业文化与制度结合，成为一个良好的循环，最终产生广泛且持久的影响力。

第三节　企业文化宣传

好的企业文化和价值观，需要通过各种有效措施进行积极广泛的宣传和贯彻，才能深入人心。

一、宣传的工作职责

企业中，一般由行政部负责日常工作类信息的收集、筛选、加工、发布和企业大型会议、重要活动的宣传报道，报送信息和稿件，在网络上公布相关情况和新闻等工作。同时，企业各部门要加强对宣传工作的重视，可设置兼职的宣传工作人员，负责部门内部的稿件校对、收集、整理和报送工作。

宣传人员主要履行以下几方面的职责。

① 建立健全渠道畅通、反应灵敏的宣传网络，做好新闻素材的收集、筛选、加工、传递和反馈等日常工作。

② 开展工作调查研究，针对各部门在发展创新中的新情况、新问题、新思路、新做法，及时写出有分析、有见解的专题调研信息。

③ 对企业开展的重点工作和特色工作进行总结、提炼，及时写出主题鲜明的报道。

二、宣传的内容和方法

企业宣传工作包括内部宣传和外部宣传，内部宣传是指通过创办企业宣传栏及召开相关会议等方式进行宣传，主要反映的是企业内部动态、经营业绩等方面的信息；外部宣传是指企业对外宣传企业文化、经营业绩、人才理念、企业战略等方面的信息。

1.宣传的内容

宣传的主要内容如下。

① 宣传以为企业服务为核心，以诚实守信为重点，引导员工在遵守基本行为规范的基础上追求更高的目标。

② 充分利用企业网站和宣传栏及时宣传企业重要会议、活动及企业领导讲话等。

③ 充分利用企业网站和宣传栏及时宣传展示企业最新动态及相关政策，展现企业积极向上的精神面貌。

④ 宣传企业的发展战略、发展规划、发展目标、重大措施，以及企业发展稳定和经济运行良好等信息。

2.宣传的要求

① 宣传应具导向性：把握正确的舆论导向，为企业生产经营创造良好的舆论环境，使舆论环境有利于推进企业的发展，有利于塑造企业形象，有利于激励员工开拓进取。

② 宣传应具真实性：宣传内容所反映的事件与数据应与事实相符，禁止发布不实信息。

③ 宣传应具时效性：宣传内容应是近期发生的事实反映或状态描述。

④ 宣传应具激励性：广泛宣传为企业做贡献和提供优质服务的先进典型人物及其事迹，激励员工勇于开拓创新。

3.宣传的方法

企业文化宣传方法如表5-2所示。

表5-2　企业文化宣传方法

序号	方法	说明
1	召开晨会、夕会、总结会	晨会、夕会就是在每天上班前和下班前用若干时间宣讲企业文化的会议。总结会是月度、季度、年度部门和全企业的例会，这些会议应该固定下来，成为企业制度及企业文化的一部分

序号	方法	说明
2	进行思想小结	思想小结就是定期让员工按照企业文化的内容对照自己的行为，自我评判是否达到了企业要求，以及如何改进
3	张贴宣传企业文化的标语	把企业文化的核心观念写成标语，张贴于企业显眼的位置
4	树立先进典型	树立先进典型就是给员工树立了一种形象化的行为标准和观念标志，使其通过学习典型员工的事迹形象具体地明白"何为工作积极""何为工作主动""何为敬业精神""何为成本观念""何为效率高"，从而提升员工的行为标准。上述这些行为都是很难量化描述的，只有通过具体典型才可使员工充分理解
5	加强网站建设	即在网站上进行方针、思想、文化宣传
6	开展权威宣讲活动	引入外部的权威人士进行宣讲是一种宣传企业文化的好方法
7	组织外出参观学习	外出参观学习也是宣传企业文化的好方法，这无疑向广大员工暗示：企业管理层对员工所提出的要求是有道理的，因为别人已经达到这些要求了，而我们没有达到这些要求是因为我们不够努力，我们应该向别人学习
8	讲述企业故事	有关企业的故事在企业内部流传，会起到宣传企业文化的作用
9	建立企业创业、发展史陈列室	陈列一切与企业发展相关的物品
10	举办文体活动	文体活动指唱歌、跳舞、体育比赛、国庆晚会、元旦晚会等，可以把企业文化的价值观贯穿进这些活动
11	开展自评互评活动	自评互评活动是员工按照企业文化要求当众评价自己及同事的工作状态，并由同事评价自己的活动。通过自评互评活动，可以使员工正视矛盾，消除分歧，改正缺点，发扬优点，明辨是非，达到工作状态的优化
12	发挥领导人的榜样作用	在企业文化宣传的过程中，领导人的榜样作用有很大影响
13	创办企业报刊	企业报刊是企业文化宣传的重要组成部分，也是企业文化的重要载体，更是向企业内部及外部所有与企业相关的人员和组织宣传企业的窗口

三、宣传工作实施要领

企业应积极掌握企业文化宣传工作实施要领，其具体内容如下。

① 内部宣传以企业宣传栏为主，主要登载时事简讯、行业动态、企业动态以及各类员工原创散文、诗歌、随笔等内容。

② 外部宣传是通过企业网站对企业进行宣传。由行政部负责企业网站的建设、开发和宣传工作。网络专员要及时地将企业动态上传至企业网站，保证信息的及时性和有效性，发挥好企业对外宣传平台的作用。在重大节日、纪念日和企业发生重大事件时，及时对企业进行宣传，为企业树立良好的形象。

③ 企业宣传栏登载的当月时事简讯、行业动态由行政部及各部门整理，编辑、审核后即可发表。企业动态和涉及企业重大问题的报道由行政部整理，报总经理审核后方可发表。

④ 行政部在收到员工投稿后，要做好稿件的审核、校对和排版工作，保证稿件的质量。

⑤ 行政部要及时收集和整理企业相关信息，并将相关信息报送给各类媒体，同时企业重大活动、庆典或相关纪念日要及时报道，做好相关宣传工作。

⑥ 对涉及企业经营、开发和市场方面的敏感信息，企业员工应做好保密工作，行政部在审核稿件时要起到把关作用，不得将上述信息在未经允许的情况下登载到企业网站、宣传栏上。

四、企业文化墙建设

建设企业文化墙是为了彰显企业独特的文化，是为了向外界展示企业的独特魅力。作为企业形象识别系统中的重要一环，企业文化墙建设能够直观地表现企业的经营理念和精神文化，塑造企业在员工和客户心目中的独特形象，同时，可以给员工直观的刺激，激励、鼓舞员工向更高一层发展。

1. 文化墙的概念

文化墙以宣传企业，宣传企业文化，推动企业品牌建设，以及帮助企业提升品牌形象为主。文化墙作为支持企业精神文明创建工作的有效载体，可以与改善美化企业环境相结合，与企业的形象品牌有效融合，描绘和谐、文明、人文、艺术的企业环境。

2. 建设企业文化墙的目的

企业建设企业文化墙的目的是树立企业形象，建立企业文化体系，提高整个企业的凝聚力，方便企业管理，明确各部门工作目的，以及提高员工忠诚度、归属感等。文化墙对部门的影响则是提高部门的执行力、凝聚力，以及明确年度目标，提高员工工作效率，督促员工积极认真完成工作。

3.企业文化墙建设

企业文化墙建设，第一步是找准企业文化、凸显企业文化。企业文化不是一堆冠冕堂皇的句子，而是要内容实用。不同层次的企业有不同的表达方式，雅俗共赏是最好的选择。第二步，是合理分配企业文化墙的内容。企业文化墙的主要内容应该是企业的经营理念、服务理念等，最好举出实例加以证明。因此，在建设文化墙之前，必须制订文化墙设计方案。

下面提供一份某企业的文化墙建设方案范本，仅供参考。

范本

企业文化墙建设方案

一、建设目的

为了优化公司内部环境，体现公司独特的核心价值，集中展示公司发展战略、行为规范、荣誉业绩及员工风采等内容，公司将对多处大面积空白墙面作出系统规划。

二、板块设计

墙面一：电梯间标志下方

1.形式：墙面装饰字及墙面装饰板。

2.文字内容：公司名称、愿景、目标及荣誉资质等。

墙面二：休息室

1.形式：装饰性墙面宣传板。

2.功能设置：

（1）公告通知：张贴公司各部门通知及公司各种最新规定。

（2）团队风采：公布对团队及员工的表彰、张贴员工集体活动照片等。

（3）交流天地：若员工对公司及领导有任何意见、建议，可以公开信的形式在此板块提出。

（4）员工互动：如有同事生日、新婚等，可由其他同事自由写上祝福的话语。

3.以上内容根据公司需要不定期更新。

墙面三：走廊一侧

1.形式：墙面装饰展板。

2.文字内容：

（1）企业简介。

（2）企业特色。

（3）企业定位、近期规划和远景目标。

（4）企业经营理念、核心竞争力。

（5）企业人才观念、文化理念。

3.以上内容将随着公司业务方向及工作重心的变化而更新。

墙面四：大会议室

1.形式：墙面装饰字、墙面装饰画。

2.内容：

（1）企业标志。

（2）企业愿景、目标。

墙面五：各部门空白墙面

1.形式：墙面装饰展板。

2.内容：

（1）总裁寄语。

（2）名言警句。

（3）部门规章制度。

（4）部门业绩展示。

（5）部门目标规划。

墙面六：洗手间门后

1.形式：墙面装饰画。

2.内容：

（1）职场漫画。

（2）企业管理小故事。

（3）名言警句。

3.以上内容会不定期进行更换。

企业安全管理

企业安全管理是企业行政管理的重要组成部分，是企业安全工作的核心内容。企业安全管理水平的高低直接影响企业的生产效益和员工的安全健康。因此，如何加强企业安全管理，提高全员的安全素质，预防各类事故的发生，是行政经理必须认真思考的问题。

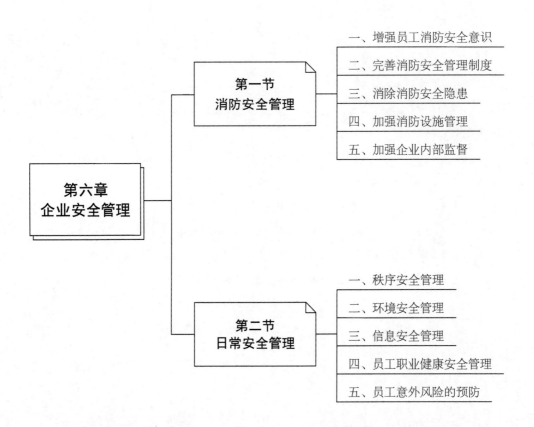

第六章
企业安全管理

第一节
消防安全管理

一、增强员工消防安全意识

二、完善消防安全管理制度

三、消除消防安全隐患

四、加强消防设施管理

五、加强企业内部监督

第二节
日常安全管理

一、秩序安全管理

二、环境安全管理

三、信息安全管理

四、员工职业健康安全管理

五、员工意外风险的预防

第一节 消防安全管理

在企业的运营中，火灾事故一旦出现，就会造成非常严重的负面影响，因此如何做好企业消防安全管理工作应该成为行政经理关注的重点。

一、增强员工消防安全意识

增强员工消防安全意识是为了保障员工和公司的生命财产安全，是企业消防安全管理工作的一项重要举措。具体措施如图6-1所示。

图6-1 增强员工消防安全意识的措施

1.加强消防安全宣传

加强消防安全宣传，行政经理可利用过道的电视和LED显示屏滚动播放安全提示，在单位公告栏张贴消防宣传画，增强员工消防安全意识，有针对性地组织单位员工开展消防安全疏散演练，确保员工掌握基本的疏散和逃生、自救方法。

2.加强消防安全知识培训

让员工掌握消防安全知识是消防安全管理工作的基础，必须通过知识培训对员工进行教育。行政经理应该制订具体的培训计划，每季度至少组织一次消防安全知识培训，并制定相应的考核标准。通过讲解国家法律法规、产生火灾事故的原因、火灾事故应急处理流程、灭火器材种类与使用方法，以及如何预防火灾等基本知识，增强员工对消防安全知识和技能的掌握，同时增强责任意识和消防安全防范意识。

3.组织消防演习

组织消防演习是增强员工消防安全意识的有力措施。行政经理应该定期组织消防演习，加强员工对消防安全知识和技能的训练和练习。在演习过程中，应该模拟可能发生的各种火灾事故，培养员工的应急反应和处理能力。

此外，行政经理还应该邀请专业的消防队员进行现场指导。通过消防演习，员工的消防安全知识和技能可得到有效拓展和提高，保障员工和企业的消防安全。

二、完善消防安全管理制度

完善企业消防安全管理制度，是为了更科学规范地指导企业的消防安全管理工作，并对企业内部相关部门及员工的行为进行严格约束，不断提升企业消防安全管理工作成效。以制度的形式对本企业的消防安全管理工作流程、工作内容、工作方式等予以明确，对消防安全管理相关部门的责任予以确立，要求相关部门严格按照制度实施相应的消防安全管理工作。

在具体工作的实施过程中，要及时做好工作信息的反馈，企业管理者根据反馈的信息内容进一步完善消防安全管理制度。通过这种方式，使企业的消防安全管理逐步正规化，进而更好地消除企业内部的消防安全隐患，这对于企业消防安全管理整体成效的提升有着重要的促进作用。

三、消除消防安全隐患

消除消防安全隐患，就是为了避免安全生产事故的发生，行政经理必须予以重视。具体措施如图6-2所示。

四、加强消防设施管理

企业要科学管理消防设施，确保各类消防设施能够得到高效利用，进而充分发挥这些设施在火情控制中的实际作用。

1.确保消防器材状态良好

各类消防器材必须从正规渠道采购，而且要对消防器材进行定期检查维修，确保消防器材时刻处于良好的待用状态。

2.定期检查各类电气设备、线路

行政部要会同企业相关部门进一步做好各类电气设备及线路的检查工作，如果发

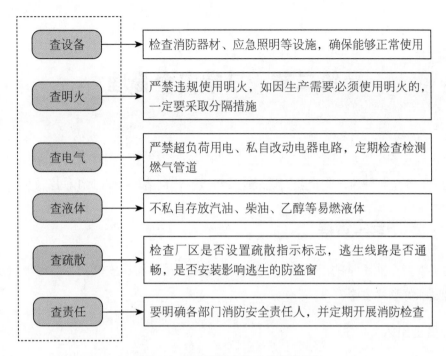

图6-2　消除消防安全隐患的措施

现电气设备或线路老化等问题，需要及时处理。

3.提升消防设施的管理效果

消防设施在火情控制中起着关键性作用，为此在企业消防设施管理中，管理人员还要定期总结经验，不断提升消防设施的管理效果。

比如，在企业防火卷帘门设施的管理中，如果发现防火卷帘门可以上升但是无法下降，则很可能是接触器的连锁常闭接点出现故障，因此管理人员可以将相关部件及时更换从而排除故障。如果防火卷帘门可以下降但是无法上升，管理人员可以对接触器以及上升按钮等进行全面检查，发现故障区域，然后进行及时维修或者更换部件。

五、加强企业内部监督

在消防安全管理工作中，企业要进一步加强内部监督。企业可以建立专门的消防监督小组，配备专门的技术人员，对本企业的内部消防安全工作进行系统的监督。

比如，对生产过程、消防设施管理等进行监督，在监督中发现企业消防安全工作存在的不足之处，并及时向企业管理者汇报，管理者则根据存在的问题制订相应的解决方案，以此不断提升本企业的消防安全管理工作成效。

第二节　日常安全管理

企业日常安全管理是企业生产经营管理的重要组成部分，其目的是保护员工在生产活动中的安全与健康，为企业实现最佳经济效益，创造良好的工作秩序及生产环境。

一、秩序安全管理

为了维持企业正常的工作秩序，确保员工和公司的财产安全，行政经理可从以下几个方面抓好秩序安全管理。

1. 员工出入

① 员工须佩戴识别证（如工作证、厂牌等）方可进入公司。

② 员工未佩戴识别证时，待保安人员查明身份及办理登记手续后方可进入公司。

③ 迟到、早退或请假者，须打出勤卡或退勤卡进出公司。

④ 员工进入生产区应在上班时间内，节假日或下班后禁止员工进入生产区。

⑤ 因加班必须在休息时间进入生产区者，应提供公司主管签署的证明材料。

⑥ 员工夜间加班或节假日加班时，其出入也须遵守以上规定。

⑦ 员工陪同亲友进入公司时，也须办理登记手续。

⑧ 分公司员工和合作公司员工进入本公司时，也须办理入公司登记手续。

2. 来宾出入

① 凡来宾访客（包括合作公司员工、分公司员工、员工亲友等）进入公司时，一律在传达室办理来宾登记手续，出示身份证或其他证明文件，并说明来访事由，征得受访人员同意及填写会客登记单后，领取来宾识别证佩挂胸前，并持会客登记单第二联进入公司。

② 受访者须在会客登记单上签字，来宾将来宾识别证及会客登记单交给传达室查对后，才可离开公司。

③ 团体来宾参观时，由有关部门人员陪同方可进入公司。

④ 合作公司人员出入生产区频繁者，可向有关部门申请识别证，凭识别证出入大门。没有识别证的必须办理登记手续方可进入公司。

⑤ 来宾出入生产区时，保安人员须检查其随身携带的物品，严禁携带危险物品进入公司。

⑥ 严禁外界推销人员或小贩进入公司。

3.车辆出入

① 机动车驶进大门后，应整齐停放在停车场。

② 运送货品的机动车辆须慢行进入生产区卸货，载运物品出公司也一样。

③ 车辆进入时，应接受检查及办理登记手续，停靠在指定位置。

④ 车辆出公司时，不论是外来人员车辆还是员工车辆均须停车接受检查，若载有物品时，须凭物品放行单出公司。没有物品放行单不得载运任何物品出公司（含私人物品）。

4.物品出入

① 任何物品（包括成品、材料、废料、员工私人物品、工具等），出公司时均应办理物品放行单。

② 保安人员须仔细核对物品放行单上的记载是否与实物相符。

③ 物品放行单由有关部门填写后送行政部门核批。

④ 工程承包者、合作企业及其他业务往来企业或个人携带的工具、机器等物品，在进公司时应先登记，出公司时凭"登记单"，且保安人员核对无误后方可离开。

⑤ 携带物品进公司时，保安人员须详细检查，如有危险品、易燃品、凶器等，禁止进入公司并报告上级处理。

⑥ 保安人员每天需将物品放行单送行政部门备查。

【实战工具12】▶▶ -

物品放行单

物品名称		数量		
携出人姓名 （或厂商名）		携出时间	月　日　时　分	
携出理由				
备注		管理部保安登记		
厂部主管		科长	组长	申请人　部 组

- -

二、环境安全管理

为全体员工营造健康、安全的办公环境是行政经理的工作内容之一。

1.排查办公环境中的危险源

一般情况下，可将办公区通用危险源分为以下几类。

① 日常办公。办公室的办公设备是非常多的，如果工位安排不当、使用不当、管理不当就会带来很大的安全隐患。

比如，电脑辐射伤害，复印机墨粉泄漏，剪刀使用伤害，碎纸机使用伤害，空调使用故障，饮水机热水烫伤，地面大面积积水致人滑倒，磕碰到拉开的抽屉、办公桌的顶角，搬运办公桌椅、文件柜等重物时挤压手或脚部，桌椅损坏，办公椅爆炸……

② 办公用电。办公室内用电异常，不仅会带来电费的大幅上涨还会带来电器的安全隐患。

比如，电线老化裸露、液体浸入插座导致漏电短路、乱拉电源线致使人员摔倒、超负荷用电、机器过热着火……

③ 环境安全。工作现场不注意排除环境安全隐患，往往会导致员工滑倒、绊倒受伤等事故发生。

比如，地面有积水油污，使员工不小心滑倒；电源线、网线等跨越过道，地插没有及时收起，使员工绊倒；员工撞到透明玻璃门；办公园区机动车辆行驶速度过快导致车辆撞击，伤及员工……

2.采取控制措施

控制措施根据企业实际情况的不同而不同，但一般情况下也需要根据危险源控制的原则进行：应优先采取措施消除危险源，其次是采用技术管理或增设安全监控、报警、连锁、防护或隔离措施以降低风险。同时，还可以将控制措施分为以下几类。

（1）个人防护

做好安全标识、安全通知、日常安全提示的张贴。

比如，提示怀孕员工穿着防辐射服，员工工位远离打印机，增加雾霾天的口罩福利等。

（2）行政日常服务运营

① 深度了解并公示企业的紧急逃生出口和线路，制作逃生路线及企业场所平面图。在日常安全宣传时，告知员工相关场所对应的安全信息。

② 定期检查电脑、插线板、开关、桌椅等。如果发现它们当中有老化、电线裸露、散热不佳等情况，务必及时处理，或通过把控源头采购的质量来降低风险。

③ 将智能电器的电源设置成省电模式，不用时自动进入"休眠"状态，降低能耗，减小发热量，或升级硬件，用智能开关统一控制。办公室无人时注意及时关闭办公室所有设备电源，以免深夜用电负荷减少，电压升高，击穿电器薄弱元件，引起火灾。

④ 在容易发生隐患的地点张贴提示标志，比如玻璃门、碎纸机、饮水机、楼梯附近等，地面上的水渍要及时清理，并放置警示标志，特别是光滑的大理石地面及陶瓷地面，同时铺设符合耐火条件的地毯等。

（3）外包第三方

与企业息息相关的外包第三方如保洁、物业安保、食堂等，做好安全协调工作。比如，确定安全协议，合作规划应急预案，不定期进行安全演习等。

三、信息安全管理

企业信息安全管理是指为保障企业信息系统能够正常、安全地支撑业务运行而采取的一些必要的安全管理措施，确保企业信息系统不遭到有意的或者无意的滥用。

1.明确信息安全管理的范围

根据公司的性质，对信息内容进行界定，区分出属于公司的保密信息，进行重点安全管理。公司的保密信息主要有以下几种。

① 尚未公开的重大决策，尚未付诸实施的经营战略、方向、规划等。

② 公司内部掌握的合同、协议、意向书及可行性报告、重要会议记录等。

③ 财务预决算报告及各类财务报表、统计报表。

④ 公司所掌握的尚未进入市场或尚未公开的各类信息。

⑤ 员工人事档案、工资性及劳务性收入等。

2.对保密信息进行不同密级的划分

① 将保密信息密级分为：绝密、机密、秘密。

② 保密文件应当标明密级、保密期限、保密标识和密件保管人。

③ 不同密级的信息，应规定对应的可知晓信息的人员范围。

绝密级：知晓范围仅限公司最高领导层（如董事会成员、监事会成员）。

机密级：仅限公司高级管理者及以上级别人员知晓。

秘密级：仅限部门管理者及以上级别人员知晓。

3.重视员工信息安全教育

教育员工的目的是要让员工认识到信息安全的重要性。教育内容包括签署保密协议过程的讲解，制度规则的培训，案例及信息安全实践教育，张贴信息保密规定、宣传画等。让员工做到不该问的不问，不该说的不说，不该看的不看。

4.办公室信息安全注意事项

① 办公电脑。办公电脑设置开机密码，不允许使用默认开机密码；离开电脑时，应进行锁屏；涉密电脑不得连接外部网络，不得使用自动存储设备；保密信息应加密。

② 员工办公位。禁止在桌面随意摆放保密文件，保密文件应当使用文件袋等进行密封，离开座位时，应当放入加锁的抽屉或柜子。

③ 会议室。会议结束后，重要会议资料、白板上的文字、重要事项的讨论稿等，均应进行妥善处理；会议室应选择隔音效果好的。

④ 文印间、打印区。打印的资料应及时取回，在公司条件允许的情况下，可以使用保密打印系统，要求员工在打印机上刷卡后，方可进行打印。

⑤ 前台区域。通讯录、重要文档资料应当妥善保管，离开座位时应该锁好重要文件。

⑥ 垃圾筐。禁止随意丢弃保密文件或保密文件的修改稿、讨论稿等。

四、员工职业健康安全管理

职业健康关乎员工的切身利益，同时也对企业和社会有着一定影响。企业想要长远发展，必须保障员工的职业健康，这不仅是对人权的尊重，也是对社会的责任。对此，企业可采用图6-3所示的措施加强员工职业健康安全管理工作。

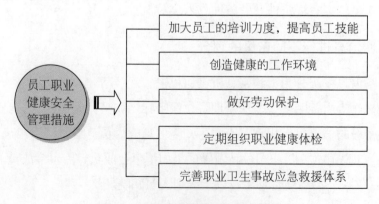

图6-3　员工职业健康安全管理措施

1.加大员工的培训力度，提高员工技能

企业员工通过参加企业举办的安全生产标准化的培训，可以了解到安全生产标准化的流程、方法及具体的要求等，根据这些内容去提升自身的技能。在培训结束之后，企业应组织员工进行考核，考核的标准就是安全生产标准化的具体要求。这样做不仅可以提高员工的熟练程度和技能水平，还可以提高考核人员的审核水平。

2.创造健康的工作环境

健康的工作环境可以减少或消除员工工作的不便。在强调职业安全的同时，企业还应尽可能通过增加投入和改进技术设备等手段，努力改善员工工作条件和环境，全面研究工作场所的职业病风险，提高个人防护产品分配标准，确保保护员工健康的最后一道防线。为员工提供舒适的工作场所，使他们能够适应工作环境，提高工作的安全性和舒适性。

3.做好劳动保护

劳动保护指的是企业在生产过程中，为保证员工的安全与健康，改善劳动条件，防止职业病和工伤事故而采取的一系列措施。在此主要讲行政部门参与的劳动防护用品的管理。

（1）劳动防护用品的配备

① 须根据工作的需要，为员工配备相应的日常劳动防护用品，并保证有一定的库存，以确保员工能及时更换。

② 非日常工作所需的特殊劳动防护用品也必须具备。

③ 须组织培训，使员工能熟练掌握劳动防护用品的使用。

④ 一些低值易耗的劳动防护用品要确保充足，一些可长久使用的要确保有一定的库存。所有个人用品必须注明。

（2）关于劳动保护用品的强制性规定

① 在特定的区域穿戴劳动防护用品以完成特定的任务的规定，必须强制执行。任何违反规定者将受到纪律处分。

② 如果用劳动防护用品来做一些不合法的或违反劳动防护用品本身用途的行为，同样要受到纪律处罚。

4.定期组织职业健康体检

每年制订员工职业健康体检计划，委托具有相应资质的机构对接触职业病危害因

素的员工进行职业健康体检，体检率应达到100%，复查率应达到100%。对接触职业病危害因素的在岗员工，进行周期性的健康检查，了解员工的身体状态，评价其健康状态的变化情况，并及时把检查结果反馈给员工，将职业禁忌员工调离禁忌岗位，预防职业病的发生。

5.完善职业卫生事故应急救援体系

行政部要建立职业卫生事故应急救援组织机构，配备应急救援的基本装备，完善应急救援网络体系，并且要制订应急救援预案，会同相关部门定期进行应急救援的培训与演练。

 相关链接

《用人单位劳动防护用品管理规范》节选

第二条　本规范适用于中华人民共和国境内企业、事业单位和个体经济组织等用人单位的劳动防护用品管理工作。

第三条　本规范所称的劳动防护用品，是指由用人单位为劳动者配备的，使其在劳动过程中免遭或者减轻事故伤害及职业病危害的个体防护装备。

第四条　劳动防护用品是由用人单位提供的，保障劳动者安全与健康的辅助性、预防性措施，不得以劳动防护用品替代工程防护设施和其他技术、管理措施。

第五条　用人单位应当健全管理制度，加强劳动防护用品配备、发放、使用等管理工作。

第六条　用人单位应当安排专项经费用于配备劳动防护用品，不得以货币或者其他物品替代。该项经费计入生产成本，据实列支。

第十二条　同一工作地点存在不同种类的危险、有害因素的，应当为劳动者同时提供防御各类危害的劳动防护用品。需要同时配备的劳动防护用品，还应考虑其可兼容性。

劳动者在不同地点工作，并接触不同的危险、有害因素，或接触不同的危害程度的有害因素的，为其选配的劳动防护用品应满足不同工作地点的防护需求。

第十三条　劳动防护用品的选择还应当考虑其佩戴的合适性和基本舒适性，根据个人特点和需求选择适合号型、式样。

第十四条　用人单位应当在可能发生急性职业损伤的有毒、有害工作场所配备应急劳动防护用品，放置于现场临近位置并有醒目标识。

用人单位应当为巡检等流动性作业的劳动者配备随身携带的个人应急防护用品。

第十五条　用人单位应当根据劳动者工作场所中存在的危险、有害因素种类及危害程度、劳动环境条件、劳动防护用品有效使用时间制定适合本单位的劳动防护用品配备标准。

第十六条　用人单位应当根据劳动防护用品配备标准制定采购计划，购买符合标准的合格产品。

第十七条　用人单位应当查验并保存劳动防护用品检验报告等质量证明文件的原件或复印件。

第十八条　用人单位应当按照本单位制定的配备标准发放劳动防护用品，并作好登记。

第十九条　用人单位应当对劳动者进行劳动防护用品的使用、维护等专业知识的培训。

第二十条　用人单位应定期对劳动防护用品的使用情况进行检查，确保劳动者正常使用。

第二十二条　劳动防护用品应当按照要求妥善保存，及时更换，保证其在有效期内。

公用的劳动防护用品应当由车间或班组统一保管，定期维护。

第二十三条　用人单位应当对应急劳动防护用品进行经常性的维护、检修，定期检测劳动防护用品的性能和效果，保证其完好有效。

第二十四条　用人单位应当按照劳动防护用品发放周期定期发放，对工作过程中损坏的，用人单位应及时更换。

第二十五条　安全帽、呼吸器、绝缘手套等安全性能要求高、易损耗的劳动防护用品，应当按照有效防护功能最低指标和有效使用期，到期强制报废。

五、员工意外风险的预防

生活中意外事故时有发生，一旦发生，将会严重威胁员工的生命安全，而科学、全面的防范措施可以减少意外带来的伤害。

1.普及急救知识

安全工作是企业生产经营的重中之重，俗话说"宁可备而无用，不可用而无备"，做好涉及安全的方方面面的工作，就能取得主动权，确保安全生产。对员工进行急救知识技能培训，就是织密织牢安全网的具体体现。在企业中普及急救知识、培训急救技能、配备急救设施，让企业员工都能够掌握人工呼吸、胸外心脏按压、外伤止血包扎、骨折的判断和简单固定等急救措施，以及气道异物梗阻、癫痫发作、烧烫伤、中毒、中暑等的应急救护措施，在意外发生时，争取到宝贵的救援时间，让员工的生命健康安全多一份保障。

2. 配备AED（自动体外除颤器）

近几年，职场上心源性猝死的人越来越多，当员工心搏骤停时，需要身边的人进行急救。心源性猝死急救的"黄金四分钟"至关重要，如果超过10分钟再进行急救，患者获救的机会将非常渺茫。

为此，越来越多的企业开始配备AED，并为员工普及应急救护知识和技能。做好应对突发事件的应急方案，减少意外风险的发生，给员工一个安全保障。

 小提示

　　每一个生命背后就是一个家庭，挽救一条危在旦夕的生命，就是挽救一个家庭。就企业发展而言，关心员工生命健康，不仅是企业责任感的体现，更是为企业长远发展打下良好基础。

第七章

企业资产管理

企业资产是企业生产经营活动的基石，为企业的生存和发展提供源源不竭的动力。对于行政经理来说，加强企业资产管理，管好、用好企业的固定资产，就是帮助企业开源节流、创造效益。

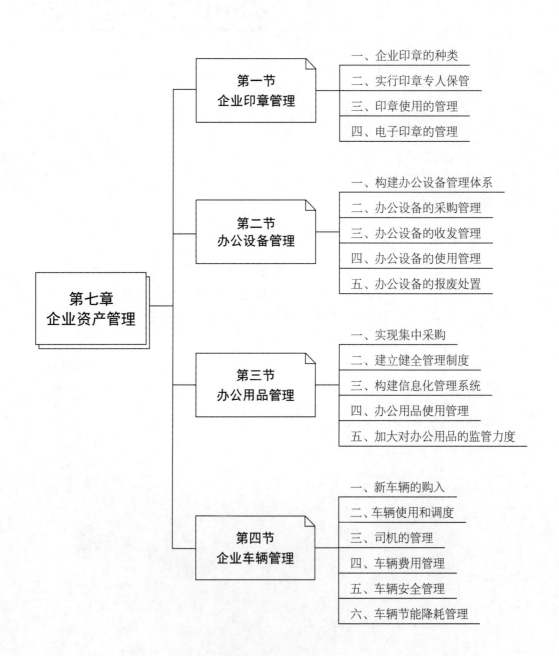

第七章
企业资产管理

第一节
企业印章管理
一、企业印章的种类
二、实行印章专人保管
三、印章使用的管理
四、电子印章的管理

第二节
办公设备管理
一、构建办公设备管理体系
二、办公设备的采购管理
三、办公设备的收发管理
四、办公设备的使用管理
五、办公设备的报废处置

第三节
办公用品管理
一、实现集中采购
二、建立健全管理制度
三、构建信息化管理系统
四、办公用品使用管理
五、加大对办公用品的监管力度

第四节
企业车辆管理
一、新车辆的购入
二、车辆使用和调度
三、司机的管理
四、车辆费用管理
五、车辆安全管理
六、车辆节能降耗管理

第一节 企业印章管理

企业印章是企业身份和权力的象征。盖有企业印章的文件，是受法律保护的有效文件，同时意味着公司对文件的内容承担法律责任。为了保证企业印章能合法、有效、正确地使用，维护公司的利益，行政经理应做好企业印章的管理工作。

一、企业印章的种类

企业印章主要分为以下五种。

1.公章

公章一般是圆形章，是具有最大法律效力的企业印章，代表着法人的意志，主要用于企业对外事务处理，如工商、税务、银行等外部事务的处理。企业公章的样式如图7-1所示。

图7-1　企业公章

2.法定代表人印章

法定代表人印章是企业法定代表人的人名签章，外观上一般是方形章，上面篆刻法定代表人的名字（图7-2），所以印章上可能是公司的厂长、董事长、总经理等的名字。法定代表人印章一般只在特定情况使用，如公司在出具票据时就需要加盖此印章。

图7-2　法定代表人印章

3.财务专用章

财务专用章又称财务印鉴章，从外观上看，财务专用章有正方形、圆形、椭圆形三种。一般情况下，财务专用章的印章尺寸大小由各市、县地方税务局决定。

在用途上，只要涉及公司财务的事项，如公司出具的公司票据、支票上均需加盖财务专用章。一般与法定代表人印章一起作为银行预留印鉴。图7-3为某公司的财务专用章。

图7-3　财务专用章

小提示

国家有明确法律规定，单位应当加强银行预留印鉴的管理。财务专用章应由专人保管。严禁一人保管支付款项所需的全部印章。

图7-4　合同专用章

图7-5　发票专用章

4. 合同专用章

合同专用章即用于签订合同的公司印章，外观上有椭圆形和圆形两种，其印章形式由公司名称加上合同专用章几个字组成（图7-4）。该印章专用于签订经济合同。没有合同专用章的情况下，可以使用公章代替。

5. 发票专用章

发票专用章指用票单位和个人按税务机关规定刻制的印章，印章上含有公司单位名称、发票专用章字样、税务登记号，是在领购或开具发票时使用的印章（图7-5）。

公司开具发票时一定要加盖发票专用章（未加盖发票专用章的，由税务机关责令改正，可以处1万元以下的罚款），没有发票专用章的情况下不可以用财务专用章或公章替代。

二、实行印章专人保管

公司各种印章的权限不一，所有文件一经加盖印章就会产生法律效力，所以说公司印章的保管工作必须引起重视。

1. 实行专人管理

专人管理即由公司安排专属部门或者专职人员管理公章的使用、加印以及登记。

印章管理人员一般仅限于行政职能部门或者行政人员，避免公章管理人员与对外销售或者采购人员身份重叠，因为后者从事对外商务活动时容易使得权利的行使不透明，难以监控其用章的正当性或合理性。印章管理人员应具备图7-6所示的三大要素。

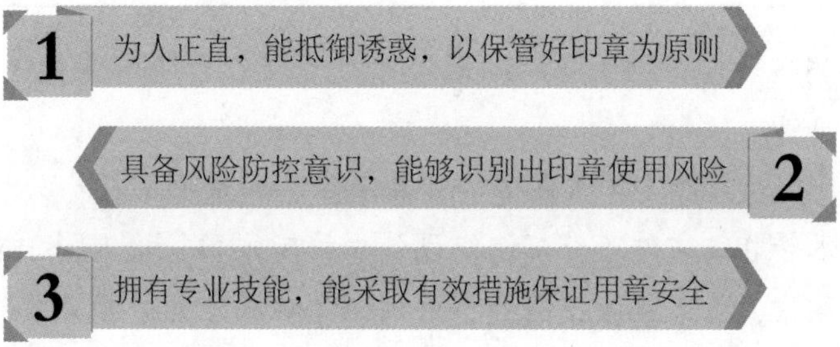

图7-6　印章管理人员应具备的要素

2.印章管理岗位法律风险防控

公司可以要求印章保管或管理者签订法律风险岗位承诺书，明确印章管理岗位的法律风险防控职责，同时对他们也要加强印章管理工作的法律风险防范教育，使其充分认识到印章的重要性，从而提高印章管理的技能和法律风险防范意识。

下面是一份印章管理岗位承诺书的范本，仅供参考。

范本

印章管理岗位承诺书

一、保证严格履行公司印章使用管理规定，妥善保管公司印章、不私自委托他人代管，不随意放置印章。如果因保管不慎而出现印章丢失、损坏或被盗，应立即报告行政副总经理。保证在使用印章时严格按照批准流程，未经相关领导批准绝不盖章。经批准盖章的要认真填写印章使用登记表。

二、我所管理的印章只能在下列范围内使用，超出下列范围我拒绝盖章，否则我本人愿意承担由于违规盖章而造成的经济损失和法律后果。

1.公司公章使用范围：

a.公司内部文件，对外承诺文件，经济或法律纠纷文件，诉讼文件，公司章程修订，公司合并、分立、增资、减资、清算、解散等文件，职工身份证明，员工收入证明；

b.上报税务部门相关材料；

c.上报建设主管部门等相关材料（异地备案，资质类申报，资质类年检，企业评先，文明工地、优质工程评选等所需材料）；

d.上报工商部门相关材料（营业执照申报、年检、重合同守信用企业申报等所需材料）；

e.招投标相关文件（报名材料、资格预审材料、答疑文件、投标文件、报价单、确认文件等）；

f.项目结算相关文件（预决算书、结算报告、定案单等）；

g.企业技术等相关文件（施工组织设计、施工方案、竣工图、竣工资料等）；

h.对外介绍信、员工档案、职称、培训，工程款清欠等相关文件。

2.合同专用章使用范围：企业合同、协议类的文件。批准人为总经理。

3.法定代表人印章仅限于项目招投标，批准人为总经理和经营主管副总。

三、保证不在下列印章禁用范围内盖章，否则我本人承担由此造成的经济损失和法律后果。

印章的禁用范围：任何形式的对任何法人和其他组织及自然人的担保、任何形式的借据、任何形式的欠条、任何空白页、任何（除本公司员工）收入证明。法定代表人批准的特殊情况除外。

四、领导层的批准权限只能在下列范围内进行，超出下列范围我拒绝盖章。否则，我愿接受承担由于违规盖章所造成的经济损失和法律后果。

公章的批准人是总经理、各副总经理，具体权限为：总经理能批准上述a、b项的盖章（b项经总经理授权后由财务部经理审批），以及a～h项以外确需使用公章的情况；经营副总经理可批准e、f项的盖章；工程副总经理（总工程师）可批准g项的盖章；行政副总经理可批准c、d、h项的盖章。

合同专用章批准人为总经理。

法定代表人印章批准人为总经理和经营副总经理。

五、使用印章不符合规定，我愿接受公司通报批评并愿接受罚款1000元的处罚。同时承担由此造成的法律后果，给公司造成经济损失的由我本人进行赔偿。

六、其他违规使用印章所造成经济损失和法律后果同样由我本人承担。

受诺人：××省××建筑基础工程有限公司　　　承诺人：×××

日期：20××年××月××日

3.建立日常管理制度

企业要制定印章日常管理制度，指定印章归口管理部门，明确企业各部门印章管理职责，明晰印章刻制、使用的业务流程，做到有规可依、有章可循。

下面是一份印章管理制度的范本，仅供参考。

范本

公司印章管理制度

一、总则

为保证公司印章的合法性、可靠性和严肃性，有效地维护公司利益，规范公司印章的使用与管理，杜绝违法违规行为的发生，实现印章管理的制度化和规范化，特制定本制度。

二、公司印章使用范围

公司印章是指公司公章、发票专用章、财务专用章、法定代表人印章。公司所有印章必须严格按本制度的规定使用，不得违反本制度。

（一）公司公章的使用范围主要为：

1.公司对内签发的文件。

2.公司对外与相关单位联合签发的文件。

3.由公司出具的证明及有关材料。

4.公司对外提供的财务报告。

5.公司章程、工商登记资料及股东出资证明。

6.员工岗位变更通知、解除劳动关系通知等。

7.员工的劳动合同、聘用合同。

8.对外经济合同、合作协议、承诺书、担保函等。

（二）公司法定代表人印章，主要用于需加盖法定代表人印章的合同、财务报表、人事任免等各类文件。

（三）财务专用章，主要用于财务资料、货币结算等相关业务。

（四）发票专用章，主要用于公司出具的发票、收据等票据业务。

三、公司印章的管理职责

（一）公司总经理：负责公司公章和法定代表人印章的使用审批工作。

（二）财务部负责人：负责财务专用印章、发票专用印章的使用审批工作。

（三）印章管理员

1.负责印章的保管。

2.负责制作印章使用登记表。

3.负责用印文件的审核工作。

4.负责按照印章使用规则，监督所保管印章的使用。

四、公司印章的管理、使用及保管

（一）印章的管理

1.公司公章由总经理负责管理。印章管理员必须切实对印章负责不得将印章随意放置或转交他人。如因事离开岗位需移交他人的，可指定专人代管，但必须办理移交手续。

2.为保证资金账目的绝对安全，财务专用章、法定代表人印章等作为银行预留印鉴的印章由两人以上分开保管、监督使用。达到一人无法签发支票汇票，一人无法提出现金的效果。人员应由财务部和行政部各出一人。

（二）印章的使用

1.公章的使用必须严格遵守印章使用申请审批程序，按照印章的使用范围，经总经理同意后方可用章。

2.公章的使用由印章管理员设立使用登记表格，遵循严格的审批和登记制度。

3.公司法定代表人印章由总经理审批后方可使用。

4.财务专用章、发票专用章由财务部门负责人审批后方可使用。

5.严禁员工私自将公司印章带出公司使用。若因工作需要，确需将印章带出使用的，需填写携带印章外出申请表，由分管领导及总经理签批后，派专人陪同方可带出。印章外借期间，借用人与陪同人只可将印章用于申请事由，共同对印章的使用后果承担一切责任。

6.以公司名义签订或出具的合同、协议、订单、介绍信、委托书、担保函等，经专门合同文书审批流程，通过部门负责人、法律顾问审核，公司总经理批准后方可盖章。（对加盖印章的文书，应注意用章单位名称必须与印章一致，用章位置恰当，盖章印记清晰。）

7.公司员工个人办理各种收入证明、工作证明等，由总经理审批后在行政部办理并执行印章使用申请审批制度。

8.任何印章管理员不得在当事人或委托人所持的空白文件上加盖印章。用章文书必须已经填写完毕，字迹须清晰、正确。

9.已解除或终止劳动关系的人员要求开具相关证明的，必须持有效证明材料，按印章使用申请审批制度经总经理审批后，方可盖章。

（三）印章的保管

1.印章的各种事项必须有记录，记录事项包括印章名称、枚数、收到日期、启用日期、领取人、保管人、批准人、图样等。

2.印章保管必须安全无误，应当专门上锁存放，印章不可私自委托他人代管。

3.印章管理员如工作岗位变更，应及时向总经理上交印章，或者与总经理指定的新印章管理员办理印章交接手续，以免贻误工作。

4.非印章保管人使用印章盖章与印章保管人一起承担相应的责任。

5.印章应及时维护，确保印章完好，印记清晰。

6.若印章遗失，或被盗用、偷换，管理员应保护现场，及时向行政部和总经理报告，并登记备案配合查处。涉及刑事犯罪的，应及时向公安机关报案。

五、公司印章的停用

有下列情况，印章须停用。

1.公司名称变动。

2.印章损坏。

3.印章遗失，声明作废。

印章停用须经总经理批准，及时将停用印章送行政部封存或销毁，建立印章上交、存档、销毁的登记档案。

六、印章违规使用的处理办法

1.公司员工违反印章刻制、保管、使用规定，依照员工手册及公司管理制度，视情节和后果轻重追究责任人的民事、行政、刑事责任。

2.印章管理员因使用公章不当而造成公司损失的，依照员工手册及公司管理制度，视情节和后果轻重追究其相应责任。非印章管理人员违反公司印章管理制度，不当使用印章的，一经发现与印章管理员承担同等的责任。

七、附则

1.本制度作为公司管理规章制度，经过公司民主程序审议通过后由总经理签署，向全体员工公示之后开始实施。

2.本制度由公司行政部负责解释。

三、印章使用的管理

对于印章使用的管理，企业可采取以下措施。

1.印章的刻制要合法、合规

新注册设立的企业在领取营业执照后，应直接到公安机关行政服务中心刻制印章并备案。企业临时刻制印章，包括项目部印章，必须由印章管理部门统一提出，经过法律部门、专业部门审查，报公司主要领导审批。经批准后，由印章管理部门统一在公安机关指定的单位刻制并备案。印章管理部门在印章交付使用前，应下发印章启用文件，未经启用的印章不能使用。

2.建立印章使用台账

企业应当建立统一的印章使用台账，编制印章使用申请表。申请使用印章的单位必须按印章管理规定履行审批程序，经相关企业领导批准后，印章使用单位应填写统一的用印登记表，印章管理人员对用印文件要认真审核，审核其与申请用印内容、用印次数是否一致，然后才能在相关文件上用印。

用印时必须由印章管理人员亲自用印，不能让他人代为用印，同时不能让印章离开印章管理人员的视线。

【实战工具13】▶▶

企业印章使用台账

序号	印章名称	印章种类	保管部门	保管人签字	移交人、监交人签字	领出时间	退回人签字	退回时间	接收人、监交人签字	备注

3.印章要妥善保管

印章管理人员必须加强对印章的保管，未经企业主要领导批准，不允许携带印章外出，特殊情况下需携带印章外出的，必须指定监印人陪同。若印章遗失必须在第一时间向公安机关报案，并取得报案证明，同时在当地或项目所在地报纸上刊登遗失声明。

4.禁止在空白介绍信、空白单据等空白文件上盖公章

如遇特殊情况需在空白文件上盖章时，必须经企业核心管理者同意，而且公章使用人应在印章使用登记表上写明文件份数，在文件内容实施后，应再次进行核准登

记。公章使用人因故不再使用预先盖章的空白文件、资料时，应将文件、资料退回行政部，并办理登记手续。在使用预先盖章的空白文件、资料时，公章使用人应承担相应责任。

5.企业必须定期检查印章使用情况

企业印章管理部门应按照印章管理规定组织法律、监察等部门对印章使用情况进行检查，发现问题及时采取相应措施。

🔍【实战工具14】▶▶ -

印章使用登记表

印章编号	印章类别	印章数量	使用人	使用部门	使用日期	批准人	监印人及代行人签字	备注

- -

四、电子印章的管理

自《中华人民共和国电子签名法》实施后，电子印章（签名）就具有了合法地位。

1.电子印章的概念

所谓电子印章并不是实体印章的图像化，而是数据电文中以电子形式所含、所附用于识别盖章人身份并表明盖章人认可其中内容的数据。通俗点说，电子印章就是一个能够识别出具体盖章人的电子数据密钥。

2.电子印章的使用场景

近几年随着国家政府大力倡导无纸化办公，电子印章也逐渐被大多数人接受。电子印章常用于移动互联网客户端签约场景，实际企业与企业之间的签约、合同盖章极少用到电子印章。在真实签约场景下，即使双方都在电子合同上盖电子印章了，往往还会加盖一份纸质合同存档。所以对于实体印章，企业要准备好供随时使用，以防合作方（尤其是甲方）要盖实体印章时又临时去办，现在越来越多企业也开始重视部署"物电一体化"（实体印章＋电子印章双管控方式）。做到企业内部实体印章、电子印章统一化、智能化管理。

3.电子印章的保管

电子印章与实体印章具有同等的法律效力，电子印章管理也与实体印章的管理相同。电子印章的持有人或者保管人应当妥善保管电子印章。电子印章的保护口令应严格保密，并由持有人或者保管人定期修改。

 小提示

企业出现名称变更、法定代表人或者经营者变更等情形的，应当按照规定重新申请、换领电子印章，原有电子印章应予以注销。

 相关链接

电子公章管理的注意事项

电子公章一经公安机关备案，并有合格的密钥作为保密手段，是等同实物公章的，用途和实物公章一样，只不过电子公章用在网络上，实物公章用在现实中。从管理方面来讲，需要注意以下几个方面。

1.严格管理流程

根据电子公章的使用流程，并参照实物公章的使用流程制定电子公章的管理办法，使电子公章的使用严格按照规定流程进行。用章首先需要得到主管领导批准，再将存储有电子公章的介质（例如USBKey）插入电脑终端的USB接口，启动电子公章客户端，读入需要加盖印章的电子文书，在电子文书上需要盖章的地方点击菜单上的"盖章"功能键，按照系统提示输入PIN码（个人身份识别码），PIN码输入正确，才会盖上印章。

2.设置专人管理

电子公章管理员需要选择政治素质高的，有一定的电脑和网络操作知识的人员担任。管理员在政治上可靠，严守单位规章制度和纪律，尤其是用章规定，能够保证其按照审批管理办法用章。同时管理员具有与业务技能相符的电脑网络基础知识，可以在接受相关培训后，能够熟练按照用章流程使用电子公章。

3.加强安全防范

一般电子公章的使用需要电子公章软件系统和密钥配合，两样同时具备才能进行盖章。所以在进行保管时，电子公章和密钥要分开保管。电子公章一般存在存储介质（例如优盘或者USBKey）中，存储介质存在保险柜中，由专人负责。而密钥则是密码程序，两者要分开存放，加强防范措施。

4.权限验证系统

在电子公章启用后要设置使用权限，根据电子公章使用系统划分为四个角色，即平台管理员、系统管理员、公章管理员、公章使用人，根据人员身份不同，设置不同的权限，对公章的使用实时进行监控和查询。由于权限不同，可以分别对不同的身份进行授权和变更。同时加强验证管理，在客户端使用电子公章或者查阅电子公文时，可以对电子公文的公章进行验证，一般是查阅公章的签章人姓名、公章名称、签章时间、签章方式、电子文本信息等，进行身份验证和公章验证，确保公章的使用合法合规。

第二节　办公设备管理

办公设备作为企业经营管理的重要基础设施，行政经理需要做好办公设备的选购、收发存储及使用等方面的管理工作，建立完善的办公设备管理制度，确保办公设备性能得到最大限度的发挥。

一、构建办公设备管理体系

对于企业来说，构建办公设备管理体系有以下好处。

1.保证企业采购工作合法合规

企业办公设备管理体系的构建能够保证企业在采购、使用及存储办公设备的过程中严格根据国家制定的有关法律法规进行，这样在选购与使用办公设备时就不会超出法律法规许可的范畴，不仅为企业开展办公设备管理工作提供了相应依据，而且还体现出企业办公设备管理工作的规范化。

2.保证企业有效调配与使用办公设备

企业办公设备管理体系的构建能够保证企业有效调配与使用办公设备，在企业开展经营管理工作时，由于各个岗位的特点不同，对办公设备的需求也不同。根据企业办公设备管理体系来配备办公设备，既能够满足不同工作岗位对办公设备的要求，而且还有利于将办公设备的功能最大限度地发挥出来。

另外，在对办公设备进行配备时，还应该保证不同岗位办公设备之间相互兼容，以此来提高办公效率。在完善的企业办公设备管理体系的约束下，选购与使用办公设备时必须严格按照各种操作流程进行。

除此之外，在对办公设备进行配备的过程中，各个部门与成员均应严格遵照相关规定和标准，保证办公设备配备的均衡性，防止出现假公济私的现象。

二、办公设备的采购管理

1.提出采购申请

由于业务量和员工的增多，很多公司常会发生办公设备不足的情况。此时，各部门负责人应填写办公设备采购申请书并向行政部提出采购申请。

【实战工具15】▶▶▶--

办公设备采购申请书

申请部门		申请人		日期	
设备名称	型号及规格	月度内预算（是/否）	数量	单价	总金额
合计					
申购原因： 申请人：　　　　　　　　　日期：					

库存情况：		
部门经理意见：		
	签名：	日期：
行政部意见：		
	签名：	日期：
财务部意见：		
	签名：	日期：
总经理意见：		
	签名：	日期：

填表人：　　　　　　　　　　　　　审核人：

注：申请人填写申购设备的名称及申购原因并经部门经理签署意见后交行政部，行政部负责执行后续申请程序并将结果反馈给申请人。

2.新旧设备的交替采购

办公设备在长时间使用后会因磨损而发生故障。行政经理应时刻注意设备的使用时间是否过久，酌情申请新旧设备的交替采购。

小提示

行政经理应在事前听取使用者的意见，了解旧设备在使用过程中常发生的问题，以供采购新设备时参考。

3.采购设备的要点

在购置办公设备的过程中，应该做到货比三家，也就是通过调查与比较多家供应商所生产的办公设备的功能、特征、价格、供货状况、支付方式和售后服务等来选择具有较高性价比的设备。另外，在采购办公设备时，还需要兼顾到其能否同工作岗位相适应，也应当充分考虑到供货地、运输形式、安全性和到货时间等因素，严格管控办公设备的质量。尤其是在对办公设备进行采购的过程中必须重视售后服务，进而有利于保证日后办公设备的正常使用。

采购办公设备时，应该建立采购对比表，通过比较各个供应商、产品和产品对工作现场的适应性来确定符合条件的办公设备供应商。具体如图7-7所示。

确定供应商所提供的服务内容，比如，供货地、支付形式以及售后服务等，这可以体现出供应商的服务质量，从服务内容出发对多家供应商进行比较，最后选取服务质量最佳的供应商

在采购办公设备的过程中应该对办公设备本身的功能与价格加以充分考虑。比较各设备的性能、价格、功率以及能耗等，进而选取性价比较高的供应商

确保供应商提供的产品与服务同工作现场相适应。产品在工作现场是否能够放置和使用，使用效率与质量是否能够满足具体工作要求，耗能方面是否出现了浪费的现象，产品的废弃物排放是否符合国家节能减排政策等，这些均应该加以充分考虑

图7-7 采购办公设备时应对比的事项

三、办公设备的收发管理

行政经理在开展办公设备的收发管理过程中应该体现出精准性、规范性与安全性，以防止在此过程中损坏办公设备。在开展办公设备的收发管理工作时，既要确保设备收发存储时间的精准性，也要保证所建立的文件与报表的准确性，整个过程的操作均应该严格按照有关规章制度进行。

1.收货前的准备

① 事先确定好保管与使用设备的人员。
② 事先掌握设备的各种特点与功能，这有助于正确安排设备的保存与使用位置。
③ 将接收现场的环境准备工作落实好，以保证现场的环境能满足设备存储与使用要求。

2.交接验收

就所接收的办公设备而言，行政人员既应该确定所接收的办公设备是否同各项文件、合同以及单据等上的设备名称相符合，同时在交接时还需要做好各项记录，详细记录办公设备的具体情况，并且认真填写交换验收登记表，要求双方必须在登记表上面签字确认。

3.办公设备的存储

存储办公设备时一定要确保其安全性，行政经理应要求设备保管员维护与管理办公设备的存储空间，从而保证办公设备的存储更具安全可靠性。

① 构建安全防护设施。比如，货架稳固，安装消防、防盗、防寒保暖、通风和防虫蛀等设施。

② 构建安全保障体系。比如，制定安全技术操作流程和责任制度等。

③ 严格执行各项规章制度。比如，设备出入库交接验收、交接班及消防制度等。

四、办公设备的使用管理

合理使用办公设备，提高企业的经济效益，减少开支，是办公设备管理的主要目标。基于此，管理与使用办公设备的人员在实际操作的过程中应该做好以下几项工作。

1.充分了解设备

必须能读懂设备供应商或者是生产商所提供的设备使用说明书，确保对设备的详细使用情况、使用寿命以及检测方法充分了解。采取科学有效的方法对设备进行维护，延长其使用期限，降低耗材成本。

2.安全使用设备

应该根据设备使用说明书或者是用户手册上的要求安全使用设备（根据操作流程来操作），避免由于操作不当而造成设备损坏的现象。并且也需要将使用说明书以及安全技术操作规程一直放置在设备的周围，确保使用人员可以随时进行查看。

3.及时更换耗材

在对设备耗材进行更换和领用的过程中，应该检测耗材是否确实需要更换，如果还能够继续使用，就应该将旧耗材用完，避免浪费。

五、办公设备的报废处置

随着科技的不断进步，办公设备的更新换代速度越来越快。为了保证企业的正常运营，办公设备的更新换代也变得越来越频繁。那么，如何合理地处置报废的办公设备也就成为行政经理必须重视的问题。具体如图7-8所示。

图7-8 办公设备报废处置

1.设备清理

设备清理是办公设备报废处置的第一步。在清理过程中，需要将设备进行分类，如计算机、打印机、复印机等。对于大型设备，可以直接寻找相关的回收商进行回收。而对于小型设备，可以通过捐赠、二手交易等方式进行处置。

2.设备回收

设备回收是办公设备报废处置的重要环节。设备回收可以减少资源的浪费，对环境有一定的保护作用。对于企业而言，设备回收还可以获得一定的经济效益。因此，选择正规的回收商进行设备回收是非常必要的。在选择设备回收商时，需要注意图7-9所示的几点。

1 回收商是否具有相关的资质证书，如ISO9001（质量管理体系认证）等

2 回收商是否有专业的技术人员进行设备检测和维修

3 回收商是否有完善的安全措施，确保设备在回收过程中不会造成二次污染

图7-9 选择设备回收商的要点

3.设备维修

一些设备虽然已经报废，但是还存在一些可以维修的部件，可以通过设备维修的方式进行再利用。

① 对于一些大型设备，如服务器、网络设备等，可以选择专业的设备维修公司进行维修。

② 对于一些小型设备，可以请公司的技术人员进行维修。

4.设备拆解

对于一些设备，如电脑主机、显示器等，可以进行拆解，将其中可再利用的部件进行分类存放。这些部件可以通过二手交易、捐赠等方式进行再利用。

小提示

设备维修和拆解需要具备相关的技术能力和专业知识，否则可能会形成安全隐患。

5.设备销毁

对于一些设备，如硬盘、U盘等存储设备需要进行彻底销毁，以保护企业的商业机密和个人隐私。销毁设备可以通过物理破坏、数据清除等方式进行。在选择销毁公司进行销毁时，需要注意其是否具有相关的资质证书和安全措施。

6.环保处理

对于一些设备，如电池、墨盒等，需要进行环保处理。这些设备中含有有害物质，如果随意丢弃会造成环境污染。因此，需要选择正规的环保处理公司进行处理。在选择环保处理公司时，需要注意其是否具有相关的资质证书和环保处理设施。

总之，办公设备报废处置是一项非常重要的工作，需要企业高度重视。正确的处置方式不仅可以保护环境，还可以获得一定的经济效益。因此，企业需要选择正规的回收商、维修公司和环保处理公司进行设备处置，以保证处置的安全性。

第三节　办公用品管理

办公用品管理是企业资产管理的重要组成部分。加强企业办公用品的精细化管理，提高办公用品的使用效率，对减少办公用品成本开支，提升企业资产管理水平具有重要的现实意义。

一、实现集中采购

企业可以采取办公用品集中采购的方式，以避免分散采购的弊端。企业可以集聚内部所有办公用品需求，吸引更多的供应商参与竞价，通过谈判、比价，获得更优惠的价格，降低办公用品的采购成本，同时获得一批宝贵的供应商资源。

1.确定采购周期

行政部可根据企业办公用品使用情况，确定多长时间集中采购一次。

2.采购申请汇总及审核

行政部需汇总每月各部门办公用品采购需求（填写办公用品每月申购汇总表），根据库存情况，上报财务部审批。

【实战工具16】▸▸▸--

办公用品每月申购汇总表

办公用品种类：□文具事务用品　　□办公耗材　　□日杂百货　　□办公设备　　□办公家具

编制时间：

序号	名称	单位	品牌	型号	规格	数量	单价	申请单位
1								
2								
3								
4								
5								
6								
7								
8								
9								
10								

费用汇总：共计人民币　　　元

行政部审批：	财务部审批：

集团领导审批：

3.实施采购

企业在实施采购时，最少要有3家供应商提供报价，在权衡质量、价格、交货时间、售后服务、资信等因素后，遵循"同品牌、同质量，选价格最低"的原则选择供应商，并签订采购合同。

 小提示

集中采购需根据企业实际情况而定，不能一概而论，要以提高管理水平，尊重市场规律，实现企业效益最大化为原则。

二、建立健全管理制度

为了规范办公用品的管理和流程，企业有必要建立健全办公用品管理制度。

1.明确采购预算管理制度

在办公用品管理制度中要明确采购预算管理制度，组织开展全面预算管理工作，调动各部门的积极性，把预算编制与执行落到实处。采购部门要以年为周期开展采购预算的编制工作，实行事前报批、事中监控、事后评价的方式，对各部门的办公用品使用情况进行分析，提高办公用品的使用效率。同时，要将采购预算制度与考核制度相结合，按照财务与非财务指标评价员工的工作效率，采取奖励措施，以调动员工的积极性。

2.制定供应商选择制度

在采购前，采购部门应广泛收集员工的意见或以市场调研的方式选定几家候选供应商，采用招投标的方式，对供应商产品的质量、价格等方面进行评价，最终可选定2～3家定点供应商，定期在定点供应商中轮流采购办公用品，确保供应商的选择更加公平合理。

3.合理制定定价约束机制

目前，企业招标定价方法主要有竞争性谈判比价定价、集中比较定价、单一来源比价定价、零星比价定价等。在此基础上，可以形成线下与线上相结合的采购交易模式，实现线下实物比选，线上价格比选，降低办公用品的经费支出，提高办公用品的采购效率，让企业牢牢把握住办公用品的招标定价权。

4.明确库存管理制度

明确办公用品的入库、出库、盘点制度，确保库存数量的准确，做到账实相符。

① 在入库制度方面。仓管人员根据发票和送货清单核对货物的数量、品种、规格，核对无误后登记入库，打印入库单并签字。

② 在出库制度方面。各部门凭借相关领导签字的领用单集中领用办公用品后，应做好本部门相应的台账管理工作，同时仓管人员须做好相应的集中出库登记，打印出库单并签字。

③ 在盘点制度方面。库存管理部门应做好定期盘点，以检查是否存在账实不符的情况。另外，也可以运用现代化技术，建立扫码系统，提高盘点的速度与准确性。

🔍【实战工具17】▶▶ ---

办公用品领用登记表

领用时间	编号	用品名称	数量	领用人	登记人	备注

三、构建信息化管理系统

随着信息技术应用范围的不断扩大，企业可以采用协同OA系统，从而减少办公用品的使用与消耗，简化烦琐的审批流程，加快审批速度。

企业也可利用信息技术，构建办公用品信息化管理系统，使企业办公用品的采购与库存管理更加规范化，做到有迹可循。同时，可以利用现有的大数据分析技术，通过信息化系统采集各种办公用品的采购量、使用量、剩余量、使用部门等信息，统计分析每种办公用品的使用频率，这有助于资源的合理分配与使用。

四、办公用品使用管理

办公用品的使用效率取决于员工如何使用办公用品，提高办公用品的使用效率在于提高全体员工对节约办公用品的重视程度。

1.强化员工的节约意识

企业管理者需要在企业的日常管理中以身作则，强调节约的重要性，强化员工的主人翁意识，建立健全与办公用品相关的考核机制，提高全体员工的节约意识，做到办公用品物尽其用、合理使用、及时领用，避免办公用品积压、过期的情况；鼓励反复使用，充分发挥办公用品的作用，降低办公用品消耗。

2.实行限额管理

通过对办公用品使用量的分析，把每个员工在一定时期内使用的办公用品定量化，并且引入领用次数、领取总量的限额管理模式，对领取频率高的物资，设置部门领取的最高限额。使得每个员工从思想上认识到办公用品浪费的问题，真正做到相互监督，这样就可以弥补办公用品管理制度上的缺失。

五、加大对办公用品的监管力度

加大对办公用品的监管力度，可以从以下几个方面着手。

① 采购部门需要严把入口关，保证办公用品的采购质量，控制办公用品的价格。

② 仓管部门可以结合信息化系统对企业整体、各部门办公用品的使用情况进行对比分析，如将本企业与规模类似的企业进行对比分析，将企业各部门之间进行对比分析，将各部门内的使用情况进行年度、季度对比分析等。

③ 财务部门在审核付款申请单时，应关注办公用品的入库数量是否准确，以及办公用品的价格是否合理。

④ 各部门做好部门内部的办公用品台账登记，做到痕迹化管理，全程可追溯，从而提高办公用品的使用效率。

⑤ 强化审计部门监管职责，采取定期和不定期、内部和外部等相结合的方式进行财务审计、纪检巡察，发现问题、漏洞，及时改进处理。

第四节　企业车辆管理

企业日常工作与活动都离不开公务车辆，如何让企业车辆能更好地服务于企业，如何让企业车辆能安全持续地使用，这需要行政经理进行统一有效的管理。

一、新车辆的购入

1.订购车辆

在行政管理体系下，车辆属于固定资产，要遵从企业的固定资产采购管理办法和采购计划。购买前应作慎重选择和处理，要进行市场调查，购买最符合公司企业文化的车辆。这部分内容要按公司固定资产和行政采购的管理规定执行。

2.交车

① 交车后，行政人员应实施行驶测试。

② 行政人员在交车时必须仔细检查车体，如检查车体外部是否有划痕、凹凸等；另外，还应确认车辆附属用品是否齐全。

③ 检查结束后，行政人员应检验车辆制造号码、行车执照号码、汽车检查证明及引擎号码（可以询问营业员）等。

3.制作车辆管理卡

在管理车辆的时候，必须制作车辆管理卡。车辆管理卡如同设备管理簿，相当于车辆的身份信息记录和诊断记录。行政经理要将车辆管理卡副本交给司机，司机依此记录车辆检查、修理情况。

【实战工具18】▶▶▶--

车辆管理卡

编号：　　　　车牌号：　　　　　　　　　　　日期：　　年　　月　　日

车辆登记号码	车辆名称及型号	车辆制造号码	购入日期			
购入金额	供应商	供应商所在地及电话				
检验、修理日期	检验、修理记录	经办人	折旧记录栏	折旧年度	折旧额	残值价格	记账
				备注：		

填表人：　　　　　　　　　　　审核人：

4.换新与报废

在车辆报废、换新过程中，要以耐用年数及行驶里程数来判断是否应该购换新车。确需换新的由行政部提出换新申请，并办理采购手续，同时将旧车申请报废，其手续依法律规定办理。

二、车辆使用和调度

1.明确使用范围

公司车辆主要还是以公务用车为主，非公务行为，原则上是不能使用公司车辆的。一般公司车辆的使用范围包括：

① 接送公司客户用车；

② 接送公司领导用车；

③ 接送公司员工外出公务用车；

④ 其他特殊、紧急情况用车。

2.车辆调度

① 各部门如果有车辆使用需求，必须提前一天填写车辆使用申请单并交行政部审批，以便于行政部做好车辆调度计划。若多个部门同时申请，行政部可以根据各部门用车的紧急程度进行统筹安排。调度原则如图7-10所示。

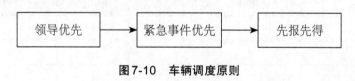

图7-10 车辆调度原则

② 公司车队必须凭有效批准后的车辆使用申请单及时、合理调度车辆和指派司机。

③ 对于无法安排用车的情况，行政部应说明情况，进行详细解释，避免误事。

3.做好使用登记和行车记录

① 对于车辆的每次派发行驶，相关人员都必须进行登记，以便核查。行政经理要经常检查企业车辆使用登记表。

② 检查车辆行驶日记是车辆管理中的重点环节。车辆行驶日记一般由车辆驾驶人员填写。

【实战工具19】▶▶ ---

车辆使用登记表

编号：   车牌号：   日期：   年   月   日

时间	行驶路径	加油费/元	维修费/元	路程/千米	备注

填表人：   审核人：

车辆行驶日记

编号：   车牌号：   日期：   年   月   日

行驶日期		星期	所属单位		驾驶者姓名	确认
车辆登记号： 车种：		使用前里程： 千米	加油量	加油费用		加油站
		使用后里程： 千米				
		本日行走： 千米				
出发时间		目的地		到达时间		乘坐人员
时	分			时	分	
备注：						

填表人：   审核人：

4.严禁公车私用

现在越来越多的企业车队，选择在车辆上安装GPS（全球定位系统），实时定位车辆位置、行驶轨迹、平均车速、里程数等数据，这样能更加高效地管理车辆，有效防止公车私用。

　　员工未经批准因私事擅自用公车肇事的，所造成的经济损失全部由其本人赔偿；凡节假日未经批准用车或擅自将车交给他人驾驶而引发事故或造成损失的，责任由相关驾驶员承担。

三、司机的管理

　　行政经理对车辆的管理很大一部分是通过对司机的管理来实现的，因此，必须做好对司机的管理工作。

1.司机的日常管理

　　① 司机必须具备有效的驾驶证件，驾驶证等级低的司机不得驾驶高级别车辆。

　　② 司机必须遵守《中华人民共和国道路交通管理条例》及有关交通安全管理的法规和操作规程，并应遵守公司其他相关规章制度，安全驾车。

　　③ 司机应经常检查自己所开车辆的各种证件的有效性，保证在出车时证件齐全。

　　④ 司机一定要遵守交通规则，文明开车。

　　⑤ 司机要对公司各级领导在车内的谈话保密，要保守公司商业秘密和技术秘密。若司机泄密给公司造成损失，公司将追究其法律责任。

　　⑥ 若司机在上班时间未出车，则应在司机室等候。若有要事确实需要离开司机室的，应先请假，说明去向和外出所需时间，经批准后方可离开，外出回来后，应立即到行政部报到。

　　⑦ 未经领导批准，司机不得将自己负责驾驶的车辆交给他人驾驶或作他用。否则，公司将根据情节轻重，给予警告或记过处分，若给公司造成损失的，公司将要求其赔偿；应当追究刑事责任的，公司将交由司法机关处理。

　　⑧ 司机应爱惜公司车辆，平时要注意保养车辆，经常检查车辆的主要机件。司机应每月至少用半天时间对自己所驾驶的车辆进行检修，确保车辆能够正常行驶，并做好检修记录。

　　⑨ 司机要每天对自己所驾驶的车辆进行清洁、保养，并做好清洁、保养记录，行政部负责监督检查，并将上述工作列入考核项目。

　　⑩ 出车前，司机要检查车辆的水、电、机油及其他机件性能是否充足和正常，发现异常，要立即加补或调整；特别要检查车辆转向、刹车、离合、车胎的情况，如有异常，应立刻向主管领导汇报。

　　⑪ 出车回来后，司机要检查存油量，若油表显示不足一格，应立即加油。此外，司机还应对车辆在出车过程中的状况进行评估，将异常情况记录在表格中，并提出保

养和维修建议。

2.司机违章事故的处理

司机违章事故处理的具体内容如下所述。

① 若司机在驾驶车辆时发生事故，公司将依据事故的性质和责任，以及造成损失的大小给予司机相应的处罚。

② 司机若酒后驾驶，未经过公司批准将车辆借给他人使用，未经公司批准将车辆用于其他用途并发生事故，或出现交通事故后逃逸，则应承担全部经济损失和相应的法律责任。

③ 司机若在驾驶和停车过程中造成货物丢失或损失，则应按照公司相关规定进行赔偿。

④ 行驶途中，若车辆出现故障并需要维修或更换部件，司机必须事先征得部门主管同意才能进行维修或更换，事后应以书面形式将维修情况报告行政部。行政部进行鉴定、核实后，给出处理意见。

⑤ 在出现交通事故后，司机应第一时间通知交通管理部门，请求处理，同时告知公司行政部。司机应维护现场、抢救伤员；公司行政部应将事故的情况上报总经理，并做好后续的处理工作，必要时可到现场协助交通管理部门的工作。

四、车辆费用管理

1.油卡日常管理

行政经理应加强车辆用油管理，控制用油支出。

① 公司管理范围内的所有车辆应统一使用油卡加油，实行一车一卡制度。

② 严禁司机用现金加油，如遇特殊情况需要用现金加油的，应向部门主管提出申请，报财务经理审核，经执行副总经理批准后，报行政部备案。

③ 办理油卡后，行政部应将车牌号与油卡号码进行备案登记，油卡一经备案不得变更。如遇特殊情况不能正常加油，司机应将具体情况上报行政部。

④ 禁止司机互换油卡，禁止司机使用其他车辆的油卡加油。

⑤ 司机在使用油卡加油时，应保留每次加油的小票，并在月底做好统计工作。

2.油卡充值管理

行政部应及时了解油卡的使用情况，并结合司机反馈的油卡余额情况，做好油卡充值工作。司机在申请油卡充值时，应结合车辆用油统计表填写油卡充值申请表，然后报财务部门审核、总经理审批。行政经理在进行油卡充值时，要向充值中心索要增值税专用发票和油卡消费清单，以便于统计与核实各车辆的用油情况。

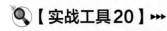【实战工具20】▶▶

油卡充值申请表

编号：　　　　　　　　　　　　　　　　日期：　年　　月　　日

上次充值额（元）		余额（元）	
起始里程		截至充值时里程	
申请日期		行政经理	
申请人（签章）		部门经理	
申请金额		财务经理	
核实金额（大写）		万　仟　佰　拾　元　角　分	
财务主管：	会计复核：	出纳：	

填表人：　　　　　　　　　　审核人：

3.车辆保险管理

车辆保险由行政部每年根据保险到期情况集中比价办理，待保险生效后记录到车辆费用台账。

4.维修保养

保修期内的车辆要定期进行维修保养。对于保修期外的，由行政部根据供应商考核办法选择合适的维修商进行统一服务。

在维修保养时，若车辆需要更换配件，司机须向行政部申请，批准后方可更换。

5.其他费用

① 洗车：司机应根据车辆卫生情况或在接待重要客户前到公司指定洗车场洗车。

② 检车：行政部根据车辆年检情况和计划安排司机驾车到公司指定检车地检车。

③ 过路费：行政部统一为公司车辆办理ETC（电子收费），定期充值并将办理档案整理留存。

④ 停车费：司机根据实际工作情况垫付，凭发票报销。

五、车辆安全管理

车辆驾驶员负责车辆的安全行驶和保管。

① 公司所有车辆，必须由专职驾驶员负责驾驶，其他员工不准驾驶公司车辆。

② 驾驶员要严格遵守交通规则，严禁酒驾及醉驾、公车私用或未经审批将车交给其他人员驾驶。

 小提示

　这一项管理要求，最好列入驾驶员的考核及工作职责中去，要严格执行，违规行为一经发现，就要严肃处理，这样才能保证公司车辆的行驶安全。

③ 驾驶员还车时必须将车辆按规定整齐停放在公司指定停车场内，未经车辆管理员同意，驾驶员所驾驶的车辆不得停放在公司指定停车场外过夜。未经批准将车辆停放在外面过夜的，公司按相关规定给予相应处罚，如造成公司损失，直接追究相关责任人的责任。因特殊情况经批准后可以停放在外面的车辆，必须注意选取安全的停车场存放，驾驶员离开车辆时，要注意锁好车门。不按规定停放造成车辆受损或被盗的，按情节轻重追究相应责任人的责任；私自驾车外出导致车辆受损或被盗的，相关驾驶员要赔偿公司全部的经济损失。

④ 禁止将公司车辆借给他人驾驶，公司固定驾驶员之间如遇特殊情况需调换车辆驾驶的，须经车辆管理员批准。违反规定者，视情节轻重给予相应的处分。

六、车辆节能降耗管理

随着公众环境保护意识的提升，节能降耗成为各类企业重要的任务之一。公司车辆也不例外，车辆节能降耗管理除了能节约能源，还能有效地提高车辆的使用效率，减少污染物的排放，保护环境。具体措施如图7-11所示。

1.督促驾驶员养成良好的驾驶习惯

① 让驾驶员养成良好的驾驶习惯，驾驶员在驾驶时保持良好驾驶姿势，车辆均速行驶，不超速行驶，不频繁变更车道，避免不必要的急刹车。长时间堵车、等红灯时，将车辆熄火，节约燃料的同时减少汽车尾气对人体的伤害和空气污染。

② 驾驶员应尽量把车速保持在经济车速上，在高速公路上行驶时，在不超速、不乱换车道等不违反交通法规的情况下，保持120千米/时以下的速度时耗油量较少，车队要时刻提醒司机在耗油量范围内行驶。

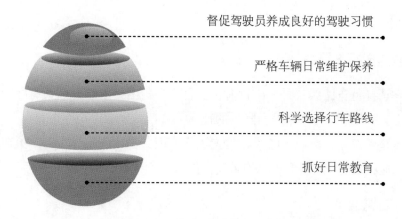

督促驾驶员养成良好的驾驶习惯

严格车辆日常维护保养

科学选择行车路线

抓好日常教育

图7-11 车辆节能降耗管理措施

③ 驾驶员应避免急加速和急减速。急加速、急减速会增加大量油耗，进而导致车辆性能下降，车队应教育和引导驾驶员不要急加速、急减速。

④ 避免长时间怠速。根据车辆在城市道路上行驶速度慢的特点，驾驶员遇到红灯时，应有预见性地收油门，合理运用不熄火滑行的方法控制车速，使人车一体化，车路融为一体。

⑤ 合理使用并科学控制空调系统，保持车内适宜温度。使用空调虽然会增加油耗，但当车辆行驶速度超过85千米/时时，开窗降温会产生较大阻力，开窗所带来的油耗超过开空调所带来的油耗。

2.严格车辆日常维护保养

① 要使车辆始终保持良好的状态，司机应注意车辆保养，保持车辆外观清洁，出车前要检查车辆性能，检查油箱是否漏油，制动是否到位等，如有故障及时维修，车队应加强检查监督。

② 经常检查轮胎气压，出车前必须将轮胎气压保持在基准值范围内，轮胎气压过低会增大车辆油耗，符合规定要求的轮胎气压可降低油耗。

③ 定期更换机油，定期清洗积炭和过滤器，及时更换火花塞等，污浊的空气滤清器和滤油器、磨损的火花塞以及有问题的排放控制系统都可能增大油耗，车辆每行驶5000千米司机就应更换机油，检查滤网，及时清洗车辆周围的灰尘、污垢，保持车辆清洁，减少车辆高速行驶时的阻力。

④ 做好日常维护工作，司机应定期进行车辆维护并做好登记工作，确保车辆发动机各部件清洁干净，油路、电路、润滑等系统正常工作，行政经理每月或必要时应检查司机维护记录。

⑤ 科学控制后备厢的重量，不要在汽车后备厢堆放不必要的物品。当汽车的负荷

太大时，油耗会增加。

3.科学选择行车路线

① 合理选择行车路线，司机出行前，要研究多条出行路线，并请有经验的师傅指点，寻求最佳、最短的行车路线，降低油耗。

② 注意车辆温差，天热的时候，驾驶员不能把车辆放在阳光下，尽量在阴凉处或通风良好的地方停车，以降低车辆的温度，保持车辆技术性能良好。

4.抓好日常教育

严格执行定期学习教育制度，使司机熟悉交通法规和公司有关规定，熟悉维护车辆、排除车辆一般故障的方法，主动做好节能减排工作，养成良好的节能减排习惯。

第八章

企业后勤管理

高效且服务优质的后勤管理，能够直接提升企业的形象，增强员工的幸福感。因此，行政经理要切实做好后勤管理，以保证员工的安全、健康和便利，努力让员工满意。

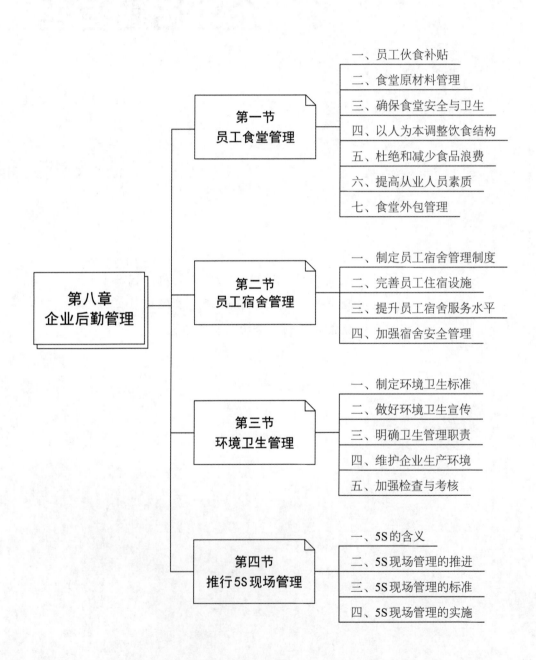

第八章
企业后勤管理

第一节
员工食堂管理

一、员工伙食补贴
二、食堂原材料管理
三、确保食堂安全与卫生
四、以人为本调整饮食结构
五、杜绝和减少食品浪费
六、提高从业人员素质
七、食堂外包管理

第二节
员工宿舍管理

一、制定员工宿舍管理制度
二、完善员工住宿设施
三、提升员工宿舍服务水平
四、加强宿舍安全管理

第三节
环境卫生管理

一、制定环境卫生标准
二、做好环境卫生宣传
三、明确卫生管理职责
四、维护企业生产环境
五、加强检查与考核

第四节
推行5S现场管理

一、5S的含义
二、5S现场管理的推进
三、5S现场管理的标准
四、5S现场管理的实施

第一节　员工食堂管理

一、员工伙食补贴

目前，企业员工伙食的补贴方式有如下两种。

1.给员工发放餐卡，将补贴打入卡内

企业开办员工食堂，以福利的形式向员工发放伙食补贴。具体的形式是给每位员工发放一张餐卡，企业按月往卡内打入伙食补贴费。员工在餐厅直接刷卡消费。如卡内剩余金额不足，员工可在每日开饭时到食堂充值；如卡内有剩余金额，员工可在每年年底提现。

小提示

这个运行机制的一个关键点是食堂的伙食价格与一般的餐馆基本持平，员工食堂与一般餐馆的区别在于，其管理较为严格，卫生条件更好。

2.将伙食补贴直接拨给员工食堂

企业把伙食补贴直接拨给员工食堂，然后要求食堂的饭菜保持低于市场价格的优惠价，以此为员工提供福利。

二、食堂原材料管理

为了提高饭菜质量，减少浪费，降低成本，行政经理应做好原材料的采购、保管、领用、加工等管理工作。

1.原材料的采购管理方法

① 员工食堂在原材料的采购工作中应注重勤进快销，坚持比质、比价，择优进货。

② 相关人员应提前制订采购计划，既要保证食堂食品加工工作的正常开展，又要

控制成本。

③ 提高采购员的业务知识水平，使他们都能达到企业要求的标准，即熟悉原材料的品名、品级和用途，熟悉原材料的产地、使用期限、食堂加工人员的技术水平和加工能力，通晓各种原材料质量的鉴别标准。

2.原材料的验收管理方法

① 应规定由仓库保管员验收需要入库的原材料；直接交给食堂厨房使用的原材料，应由厨师长验收。

② 验收完毕后，相关人员要填写验收入库单，注明原材料的品名、规格、数量、单价、总金额等。

3.原材料的领用管理方法

行政经理应要求相关部门和人员严格执行领料手续，这对保证账物相符和核算餐饮成本具有重要作用。

4.制定原材料的消耗定额

相关人员应对照本期原材料的消耗量和加工出售的饭菜成品数量，按照规定的规格、质量要求制定原材料的耗用定额。在制定主要原材料的耗用定额时，应侧重完成三项工作，即摸清供求规律，积累必要的资料；不断补充和完善；定期进行考核。

三、确保食堂安全与卫生

确保食堂安全与卫生，行政经理以把控源头、监控过程为主线重点推进，构建完整的食品安全卫生治理保障体系，严防食品安全事故发生。

1.严控采购源头

作为专为员工供餐的员工食堂，要采购的各类食材物资种类繁多。为确保采购的食材卫生、安全，企业应对食材的采购、验收、入库、保管、加工、制作等流程严格把关且制定相关制度，并定期对仓库所有物资进行检查。

除了每日专门负责验收的人员外，还要随机安排一名现场人员和行政人员参与验收，以便有效保障食材的质量。

2.严抓食品制作

① 抓好食品制作用具卫生管理，各类制作原材料隔墙离地摆放，仓库内严格落实

"防四害"（苍蝇、老鼠、蚊子、蟑螂的防治）。

②食堂各操作间的分布做到科学合理，合理规划食材清洗和加工路线、烹饪盛装和出品配餐路线，避免交叉。

③实行生熟食品砧板分开，各类盛具贴标分类摆放，杜绝生熟交叉污染的可能。

④在食品制作过程中，现场工作人员均应按规定戴厨师帽、手套、口罩，避免食品被人为污染。

⑤现场卫生做到"明厨亮灶"，有条件的企业可在食堂就餐大厅播放后厨监控视频，让所有就餐员工监督后厨整个操作流程，确保食品制作过程安全、卫生。

3.严惩违规行为

主动对标国家、地方制定的各类食品安全卫生法规，结合企业实际制定相关管理制度，定期对食材、餐品、员工操作、各类记录等进行抽查，所有餐品严格执行留样品制度，发现违规行为从严处理。

4.严管餐厨设施

严格执行《中华人民共和国食品安全法》，按照食品卫生安全管理流程，设置食品加工区、切配区、烹饪区、蒸饭间、主副食干菜调料仓库，并将生熟食品单独存储，操作区要安装消毒柜、灭蝇灯、防鼠板等设备设施。各种餐具严格按照公司的餐具消毒管理制度执行，确保让员工吃得放心、吃得安心。

下面提供一份××公司食堂管理制度的范本，仅供参考。

××公司食堂管理制度

一、目的

为了规范公司食堂管理工作，共同营造一个卫生、美观、优雅、有序的用餐环境，特制定本管理制度。

二、适用范围

本规定的适用范围为××公司全体员工、食堂全体工作人员。

三、管理部门及职责

1.行政部总务科为公司食堂管理的归口部门，负责公司食堂的日常管理。

2.负责食堂日常管理，保证食堂各项工作正常有序进行。管理内容包括：食品市场价格的评估及供应商选择、食堂卫生、饭菜质量、日常开支、监督食堂人员、反馈员工意见，以及处理食堂人员与员工的关系等。

3.负责对食堂工作人员进行工作效率、饭菜质量、工作态度、减少浪费、降低成本等方面的培训教育工作。

4.负责食堂安全、卫生管理。

5.负责食堂小餐厅接待（招待）管理。

6.负责对食堂的费用结算管理。

四、食堂经营模式及隶属关系

1.食堂为无利润直营，公司为食堂工作提供必要的硬件保障。

2.食堂工作人员为公司正式员工，隶属公司行政部总务科管理。

五、食堂管理规定及要求

1.人员上岗要求

（1）食堂工作人员必须取得健康证，持证上岗，厨师必须持厨师证上岗。

（2）食堂工作人员必须有良好的卫生习惯和敬业爱岗精神。

2.食堂工作人员的卫生要求

（1）所有食堂工作人员每半年进行一次体检，如不符合条件不允许上岗，体检费用自行承担，体检结果报公司行政部总务科备案。

（2）上岗工作人员必须穿戴整齐，统一着装，外表整洁、美观；严禁穿拖鞋、赤膊、衣冠不整等不文明行为。

（3）上岗的工作人员严禁佩戴首饰及做任何形式的手部美容，严禁留长指甲，同时保证指甲的健康和清洁卫生、无甲垢。

（4）严禁手部染恙（灰指甲，冻伤皲裂，发炎、上药包扎的创伤等）者上岗。

3.食堂工作人员的工作要求

（1）食堂工作人员在提供服务时应温和、文明、礼貌，同时也有权对违规的就餐员工提出批评建议，但不得在任何地点以任何形式和员工争执，如果有争议，应向行政部总务科反映。

（2）食堂工作人员未经允许不得进入公司办公、生产、仓储等场地。

（3）入住公司的食堂工作人员必须服从公司统一的住宿管理。

（4）食堂工作人员应遵守公司相关规章制度及上述规定要求，如有违反应接受公司处罚。

六、食物的管理规定

1.采购要求

（1）由专人按需采购，由专人验收。

（2）货比三家，原则上做到质优价廉，根据用量，以市场批发价购买，保持食物新鲜。

（3）行政部总务科每个工作日对食堂采购的食物进行检验并做记录，检验的主要内容为食物的新鲜度，若检验中发现不合格的食品，检验人员立即报告公司领导并有权现场监督处理过程。

（4）采购的食品必须做好详细记录，做到日清月结。

2.食物卫生要求

（1）食物（蔬菜、水产品、肉类、食用油、调味品等）均要保证新鲜卫生，符合食物标准。

（2）食物均在保质期内使用，严禁使用过期食物。

3.安全卫生规定

（1）持证上岗，杜绝传染源。

（2）食堂应严格做到"三不"，即不购买变质的食物和含有农药残留的蔬菜，不使用过期伪劣的食品，不混放或混切生熟食物。

（3）蔬菜、荤菜应从正规的市场购买。应选择新鲜蔬菜，禁止购买流动摊贩的熟食，更不准购买病、死动物肉类及其制品；鱼类、禽类应购买活体。

（4）分菜、择菜应尽量在工作台上进行，洗菜要认真，确保将菜清洗干净。

（5）调味品应定点密封存放，防止污染。

（6）午餐剩余的饭菜可以放在冰箱或冰柜内，在晚餐时加热食用，但晚餐剩余的饭菜应及时处理，不得留到第二天食用。

4.餐具卫生规定

（1）每餐开饭前一小时必须开启消毒柜对餐具进行消毒，厨具应用开水浸泡消毒。

（2）厨具应用专用的托盘存放（或悬挂），不准随意放置在灶台、工作台上。

（3）所用餐具、厨具必须经过"一洗、二涮、三冲、四消毒、五保洁"。

5.环境卫生规定

（1）每次就餐完毕，食堂工作人员应立即整理、清洗餐具、炊具、水池，擦拭餐桌、餐椅、灶台和工作台，打扫地面残渣。特别是晚餐后的清理工作绝对不能留到第二天。

（2）冰箱、冰柜、消毒柜、物品柜等上面不得摆放无关杂物。消毒柜必须保持有效消毒，并采取除（驱）蚊、蝇措施；冰箱、冰柜内的物品应密封、分区存放，防止串味；物品柜应定期整理并保持清洁，不得放置与工作无关的私人物品。

（3）每周的星期天应对餐厅的地面、桌椅，厨房的灶台、工作台、水池、橱柜、餐具、炊具等进行彻底整理和清洁；每月的第一个星期日应对食堂的门窗、墙面、墙角、天花板、换气扇等进行彻底清洁。

（4）食物残渣、垃圾等应每天清理，保持周围环境卫生，防止蚊蝇滋生。

（5）每个食堂工作人员负责所属范围内的设备、设施的清洁卫生及保养。

（6）下班前谨记切断电源，杜绝火灾及其他意外事故的发生。

七、员工就餐要求

（略）

八、用餐管理规定及标准

（略）

四、以人为本调整饮食结构

企业员工来自不同的地区，有着不同的饮食习惯，要让每个人都满意确实不是一件易事。都说食堂工作众口难调不好干，其实任何问题都有解决的办法，行政经理可以抓住图8-1所示的几个环节以人为本调整饮食结构来满足员工用餐需要。

环节一	了解就餐员工来自不同地域的比例，从而为制定菜单，采购主副食品奠定基础
环节二	既要照顾多数员工的饮食习惯，也不能忽视少数人的要求
环节三	定期变换饮食的花样，保证每周不重样
环节四	饮食讲究科学，荤素搭配，保证营养
环节五	经常征求员工意见，及时增添、变化主副食的品种花样

图8-1　以人为本调整饮食结构的环节

五、杜绝和减少食品浪费

"谁知盘中餐，粒粒皆辛苦。"勤俭节约是中华民族的传统美德。企业食堂作为群体性餐饮的主要场所，可采取相应的措施，引导员工杜绝"舌尖上的浪费"，营造浪费可耻、节约光荣的氛围。

1.抓好宣传教育引导，让节约意识入脑入心

① 在食堂张贴"厉行节约、反对浪费"等宣传标语、海报，设置告示牌，在餐桌上摆放"节约用餐"提示牌，营造浪费可耻、节约光荣的用餐氛围。

② 通过餐厅电视滚动播放以制止餐饮浪费行为，培养节约习惯为目的的宣传片及公益广告，加强爱粮节粮宣传教育，引导员工自觉抵制餐饮浪费行为。

③ 在厨房操作间适当位置张贴宣传画，摆放提示牌，提醒食堂工作人员自觉将厉行节约纳入餐饮生产、加工、服务的全过程，积极打造节约型食堂。

2.严格采购制作管理，杜绝源头浪费

① 严控食材安全和品质，每天由验收人员对供货商供应的食材进行认真检查，对于不达标、不合格的食材，要及时退换，在验收环节不浪费任何可用食品原材料。

② 规范菜品制作环节，严格洗、拣、存储、剩菜处理操作规程，最大限度利用食材，做到"节约到后厨、节约到食材"，在保证食品安全的基础上，减少后厨浪费。

3.推行食堂精细化管理

① 开展食堂从业人员精细化加工专项培训，如配菜过程中要称料下锅、合理配比，荤料和素料集中加工，最大限度提高成品率。

② 在保证膳食营养的前提下，推广一料多菜、一菜多味，对边角余料进行二次精加工，确保物尽其用，避免原材料浪费。

③ 对库存物资实行精细化存储。防止食材腐烂变质，降低库存损耗。

六、提高从业人员素质

食堂工作人员的素质决定后勤服务的质量。要想抓好食堂食品卫生安全工作，提高从业人员的思想素质、业务技能是关键，为此，行政经理可将食堂管理人员和工作人员进行优化组合，强化培训和管理，不断提高他们的素质。

1.抓业务学习

坚持每周召开管理人员工作例会，一个月组织一次食堂工作人员业务学习，实行年底业务考核制度。

2.抓健康体检

未经健康体检的人员不能上岗，体检不合格的人员应立即调离工作岗位，体检合格者方可持证上岗，并建立个人档案。

3.抓业务技能

定期组织食堂工作人员进行红案、白案、切菜、炒菜技能比赛，评选先进，在业务技能上立标兵，树典型，鼓励从业人员努力进取，不断创新，提高素质。

4.抓沟通交流

要经常与厨师沟通，主动了解厨师的需求、动机和想法，听取他们的意见；了解厨师性格的差异，对厨师的不良行为，进行教育引导，使厨师做到"扬优去劣，扬长避短"，专心投入工作。

七、食堂外包管理

员工食堂的经营模式有自办和外包（托管）两种。现在，越来越多的企业选择将食堂外包，由承包人全权负责食堂的管理工作。

将食堂外包后，行政部就可从繁杂的食堂管理工作中脱身，仅负责检查食堂承包人对相关法律法规、企业各级规章制度的执行情况，严把质量关。

1.选择食堂外包服务商

选择食堂外包服务商的要点如表8-1所示。

表8-1　选择食堂外包服务商的要点

序号	要点	详细内容
1	经营管理	外包服务商是否有一套完整的食堂管理制度，对本公司食堂和本公司的经营运作状况是否有全面的了解和认识；食堂管理者是否具备行业经验、专业管理知识，是否能较为全面地掌控食堂运作状况；食堂工作人员是否都经过了严格的培训，是否有固定的作业标准
2	菜单制作	外包服务商是否能提前出具菜单；菜品是否营养均衡，菜色搭配是否合理；外包服务商能否以有限的成本制订最有价值的菜单计划

序号	要点	详细内容
3	食材采购	外包服务商是否具备完善的采购作业管理程序和供应商管理程序
4	进料检验	外包服务商是否有严格的进料检验规范，以保证食材质量；是否有完善的检验手段和方法，以避免不良食材的进入；责任追溯体系是否完善
5	仓储管理	外包服务商是否有严格合理的仓储管理作业规范，物品是否严格按规范放置
6	初加工处理	外包服务商是否有完善的初加工处理作业程序以及严格的作业标准及要求
7	烹调作业	食堂厨师是否具备丰富的餐饮从业经验，是否接受过严格的厨艺技能培训
8	巡回检验	外包服务商是否有严格的监控手段和程序，各个作业环节的责任是否明确，能否很好地改善影响餐饮质量的环节
9	成品菜肴	外包服务商是否有专业的营养师负责搭配菜肴，是否可按照公司员工的不同需求提供多种餐饮服务
10	服务规范及流程	外包服务商是否有整齐划一的服务模式及流程；员工着装是否统一，是否面带微笑；就餐环境是否温馨，能否激发本公司员工的工作积极性
11	清洁处理	外包服务商是否有全面、深入的清洁处理流程和消毒措施
12	卫生许可证	外包服务商一定要提供卫生许可证，没有卫生许可证的服务商根本不具备营业资格，也就不必予以考虑

2.与食堂外包服务商签订合同

选择好食堂外包服务商后，企业应与其签订合同。合同至少应明确以下事项。

① 餐费标准、供餐标准、供餐时间、用餐人数等。

② 安全卫生要求。

③ 食品质量要求。

第二节　员工宿舍管理

为使员工宿舍保持一个良好、清洁、整齐的环境，以保证员工在工作之余得到充分的休息，维护宿舍安全和提高宿舍环境品质，行政经理有必要做好员工宿舍管理工作。

一、制定员工宿舍管理制度

企业员工宿舍管理制度应明确规定员工宿舍入住人员的条件，明确迁入迁出宿舍时应当履行的手续、房间及日常用具的分配标准、住宿时的要求等。经上级管理部门批准后，行政经理可将宿舍管理制度张贴在墙上或制成手册。

下面是一份××公司员工宿舍管理制度的范本，仅供参考。

员工宿舍管理制度

第一章 总 则

第一条 为了加强对公司宿舍的管理，保障住房的合理使用和分配，切实维护大家的利益，制定本制度。

第二条 本规定所称宿舍是指公司拥有所有权，租赁给员工或向员工无偿提供住宿的房屋。

第二章 管理机构及职责

第三条 行政部是管理公司员工宿舍的职能部门，负责对公司所属宿舍及设施实行统一管理。包括公司员工宿舍的协调分配，制定租金标准、租金使用管理，以及房屋大修、装修、更新改造等工程的管理。

第四条 日常管理的主要内容如下。

1.按照公司的规定，定期对员工宿舍进行安全与卫生检查。

2.负责员工宿舍各种应缴纳费用的收取。

第三章 住 宿

第五条 住宿条件

原则上符合下列条件者，可入住员工宿舍。

1.本制度所指员工均为在职正式员工。

2.家住××县城以外的外地户籍员工。

3.因工作岗位性质需要住宿的员工。

4.经公司认定住房确有困难的员工。

5.个人提出申请，取得公司批准的员工。

公司向符合规定的员工提供单身宿舍，住宿人员必须服从宿舍管理人员的安排和调整，每个房间必须按规定住满。

行政部每月对入住员工的资格进行审查，员工在住宿期间，当月非工作原因累计不在宿舍住宿的时间超过10天，并持续两月以上者，按自动放弃住宿权利处理；不服从公司管理，全年违反宿舍管理制度三次以上（含三次）或严重违反宿舍管理制度者取消其住宿资格。

第六条　租住程序

1.公司员工经所在部门领导同意后向行政部提出书面申请。

2.行政部审核其租住条件，符合条件者经批准同意后，到财务部交纳住房押金100元，凭财务部出具的住宿押金收据，从行政部领取钥匙后方可住宿。

第七条　退宿程序

1.不再继续住宿者，可直接到行政部办理退宿手续。

2.退宿人将宿舍清理完毕后，行政部会同退宿人确认房内设施情况，填写退宿登记表，收回钥匙。

3.退宿人凭退宿登记表和住房押金收据到财务部领取押金。财务部将退宿登记表中所列欠款在押金中抵扣，不够抵扣时由退宿人补足。

第四章　租金及费用

第八条　公司员工宿舍用房暂不收取租金（指正式聘用的员工）。

公司将根据实际情况决定宿舍租金的调整，如需调整时，行政部将提前一个月以书面方式通知住宿人员。

第九条　公司承担员工宿舍的水电等费用。

第五章　管理及维护

第十条　已入住员工宿舍的员工必须按分派的房号与床号居住，任何人不得任意调换、转借、转租或留宿外来人员，违反规定者一经发现，公司会收回其住房，并罚款100元。

第十一条　住宿人员在收到行政部退宿通知单或对员工宿舍进行必要调整的通知时，必须在5天内搬出（调整），有特殊情况不能在规定期限搬出的经公司同意后可适当延后。对超期未搬出（调整）者，公司有权采取强制措施。

第十二条　住宿人员应自觉爱护公共设施，不得恶意损坏公共设施，不得随意改变房屋结构及用途，否则公司除收回住房外还将根据损坏和改变情况追究赔偿责任。

第十三条　住宿人员应保持宿舍室内、过道、楼梯间的清洁，各宿舍由宿舍长安排舍员每天轮流打扫室内卫生。行政部每月抽查一次，凡卫生不达标的宿舍，每次罚款50元，同时对卫生优秀的宿舍会予以奖励。

第十四条 注意节约用水、用电，杜绝长明灯、长流水等浪费现象，发现一次罚款200元。

第十五条 住宿人员不得堵塞消防通道、楼道、露台等，公共场地不得摆放家具、货物或其他物品。违者经劝告仍不清除的，公司将予以强制清除，一切责任及费用由当事人承担。

第十六条 严禁存放易燃易爆危险品，不准使用违禁炉具和电器，不准私接电源线，严禁偷电，违者罚款200～1000元。

第十七条 禁止高空抛物，禁止在宿舍内乱张贴、涂写、刻画，违者一次罚款50元。

第十八条 禁止饲养家禽、家畜、宠物，违者罚款200元。

第十九条 禁止在宿舍内赌博、吸毒、观看色情影视及进行其他违法活动，如有发生，直接取消住宿资格，情节严重者，送交公安机关处理。

第二十条 严禁在宿舍内酗酒、打架斗殴或侮辱他人，违者视其情节轻重处以100～500元罚款，情节严重者，送交公安机关处理，并取消住宿资格。

第二十一条 严禁收藏枪支、弹药、毒品等违禁品，违者送交有关部门处理，并取消住宿资格。

第二十二条 住宿人员应提高警惕，做好防火、防盗工作，严防火灾事故的发生，外出及夜间睡觉时要关好门窗，严禁私配钥匙，对于人为造成的火灾、被盗事故每次处罚相关人员200元，情节严重的取消住宿资格。

第二十三条 宿舍内部发生盗窃案，除保护好现场外，还应及时报警，并在24小时内报告公司行政部。

第二十四条 本制度自发布之日起执行，由公司行政部修订并负责解释。

×× 有限公司

20×× 年 × 月 × 日

🔍【实战工具21】▶▶▶ --

公司员工宿舍申请表

姓名		性别		部门／岗位	
入职时间		房间床位		联系电话	

续表

申请原因：	
	申请人（签字）： 　　　　　　年　　月　　日
部门意见：	
	负责人（签字）： 　　　　　　年　　月　　日
行政部意见：	
	负责人（签字）： 　　　　　　年　　月　　日
行政副总意见：	
	负责人（签字）： 　　　　　　年　　月　　日

<h2 align="center">员工宿舍卫生评比表</h2>

项目	评分值	具体要求	评分
整体环境	30	（1）房间布置美观大方，格调积极向上 （2）室内无异味	
桌椅	10	（1）桌面洁净无尘 （2）桌椅摆放整齐	
床	10	（1）床上用品叠放整齐 （2）卧具干净整洁	
地面	10	地面（含桌下）干净无污迹	
门窗	10	（1）门窗洁净，无张贴物 （2）门前无污水，垃圾等	
阳台、厨房、卫生间	20	（1）阳台地面干净，无明显灰尘 （2）厨房地面、桌面洁净无油腻 （3）洗漱用品在洗漱台上摆放整齐 （4）卫生间干净整洁，马桶无污垢，无异味	
垃圾装入袋中	10	清洁用具摆放整齐，垃圾装入袋中，并及时倾倒	
总分			
评分人：	评分时间：	评分宿舍：	
评分说明：1.满分100分。 　　　　　2.项目达标给满分，欠缺适当扣分，单项可扣至零分。			

二、完善员工住宿设施

① 企业应在员工宿舍设置总服务台、楼层服务台、洗衣间、茶水间、理发室、影音室、阅览室、游艺室、小卖部、医务室等。

② 住宿的房间采光、通风条件要好，有防暑和取暖设施以及充足的私人空间。

③ 企业还应尽可能提供钢架床、蚊帐、被褥、书架、暖壶、茶杯、脸盆、水桶等物品，配置拖把、扫帚、垃圾桶等卫生用具，完善空调、热水器等设施。

④ 有条件的企业还可以设立公共厨房，以方便员工的生活。

三、提升员工宿舍服务水平

1.充分发挥人员和设施的作用

企业应充分发挥现有人员和设施的作用，组织好常规性的服务活动，使住宿人员在宿舍楼内便可完成理发、洗澡、缝洗衣物、购买日用品、收发快递、接待亲友等活动。

2.丰富员工的业余生活

企业应按时开放影音室、阅览室、游艺室；可每周举行小型文娱活动，每逢四大节日（元旦、春节、劳动节、国庆节）举办大型文体活动。

3.提供专项服务项目

企业应了解某些员工的特殊需要，开设有针对性的专项服务项目。例如，为倒班的员工提供叫班服务，代员工接待客人或传达客人留言等。

四、加强宿舍安全管理

1.定期进行安全教育

定期对住宿人员进行安全教育培训，不断增强住宿人员的防范意识，使住宿人员具备及时报警、正确使用消防器材、组织人员疏散逃生等能力，确保大家的安全。

2.严格遵守宿舍治安管理制度

宿舍管理人员要严格遵守宿舍治安管理的各项制度，做好交接班记录；配合治安人员的工作，管理好宿舍秩序，禁止住宿人员酗酒闹事、打架斗殴、赌博盗窃。

3.来访人员必须登记

宿舍管理人员要做好来访人员登记工作，做到随访随记。

🔍【实战工具22】▶▶ -

宿舍来访人员登记表

来访人姓名	性别	来访人工作单位	前往楼层区域	事由	来访人有效证件号码	来访时间	离开时间	记录人

- -

4.完善宿舍安全设施

① 对于陈旧的宿舍安全设施，企业要有计划地进行更新更换，对于安全器材缺乏的情况，要及时补充配备。

② 要让安全设施能够在发生火灾等灾害时充分发挥作用，应对灾害险情。

③ 要加强对安全设施的日常保养与维护工作，及时排除故障，让其始终处于最好的状态，以应对突发危机。

第三节　环境卫生管理

为了营造清洁、卫生、文明、优美的工作和生活环境，塑造良好的企业形象，增进员工的身心健康，行政经理应加强对企业环境卫生的长效管理，坚持不懈地搞好文明卫生企业创建工作。

一、制定环境卫生标准

企业的环境卫生，包括生产车间、办公场所、道路、食堂、宿舍、卫生间、绿化等方方面面的卫生。行政经理应根据企业的实际情况，制定出适合本企业的环境卫生标准，方便全体人员遵照执行。

下面是一份××公司环境卫生管理制度的范本，仅供参考。

××公司环境卫生管理制度

为了树立良好的企业形象，打造一个优美舒适、整洁有序的办公环境，特制定本规定。

一、范围

环境卫生管理范围包括办公室、门卫室、公共区域、会议室、生产车间、员工宿舍、卫生间、食堂、产品展厅。

二、卫生要求和标准

（一）办公室、门卫室

1.办公桌上各种资料、工具、文件、配件等均应放置整齐、美观；

2.室内不准堆放杂物，垃圾应及时清理，不准堆积，对于一些易坏的物质，为避免其发霉产生难闻气味影响办公环境，应该及时带离办公室；

3.保持室内网线、电线等线路整齐，不凌乱，杜绝安全隐患；

4.设备、纸张要摆放整齐，因打印等产生的各种废纸要放入垃圾筐内，未用完的纸张应放回原处，不得浪费；

5.门、窗洁净，玻璃明亮、无尘土，窗帘整洁；

6.员工要自觉养成良好的卫生习惯，搞好个人卫生，保持服装、头发干净整洁；

7.注意节约用电，做到人走灯灭等，严禁在办公室私自使用大功率电器；

8.办公室严禁随地吐痰、乱扔杂物等；

9.下班时，应整理办公桌上所用物品，座椅置于桌下，所有废弃物品必须放入垃圾筐；

10.办公区域要保持安静，不得大声喧哗，影响他人工作；

11.保持办公桌、计算机、电话、打印机、沙发表面及其他柜面洁净、无污垢；

12.门卫室要保持监控视频正常播放和清晰；

13.由行政专员负责监督办公室卫生情况，对违反规定的行为给予批评。

（二）公共区域

1.公共区域包括楼梯走道、生活区、公司大门口；

2.公共区域至少每日打扫一次，保持地面和墙壁无泥渣、无涂鸦、无水痕；

3.每位员工都应爱护绿色植物，严禁在绿色植物的花盆内乱倒水、茶叶、杂物等影响植物生长的物质；

4.公共区域各类物资或样品必须摆放整齐，不得乱堆乱放；

5.严禁在公共区域乱扔杂物，乱吐痰，以免影响卫生。

（三）会议室

1.会议结束后要及时把桌椅摆放整齐并关闭电器电源；

2.会议室桌椅要保持洁净，无灰尘、无水痕；

3.会议室物品使用完毕后要按原来位置摆放整齐；

4.未经同意，不得随便乱动会议室电器、器材，以免造成其不能正常工作。

（四）生产车间

1.物料陈列要进行分类并放置整齐，要按照易燃物资与火源隔离存放的原则；

2.生产车间要实现无尘土、无异味、干净整洁、明亮宽敞；

3.生产工人要按要求佩戴安全生产工具；

4.车间内不准随地吐痰、乱扔乱堆杂物，生产废料要及时处理；

5.对于产品要采取安全保护措施，严禁故意破坏产品的行为；

6.下班后应先整理和摆放好物资，并关闭电源、水龙头、电焊气体瓶，杜绝资源浪费及安全隐患的存在。

（五）员工宿舍

1.爱护公物，不得在墙壁上、桌子上乱写、乱画、乱雕、乱刻、乱挖；

2.不得躺在床上抽烟，避免烟头点着蚊帐、被子等易燃物质，产生安全隐患；

3.室内不准乱堆乱放，垃圾应及时清理，对于一些易坏易产生难闻气味的物质，应该及时清理；

4.休息时间要保持安静，不得大声喧哗，以免影响他人正常休息；

5.注意节约用电用水，做到人走即关，严禁在宿舍私自使用大功率电器；

6.室内应该保持干净、整齐、无异味，不得乱吐痰、乱扔烟头、乱放臭袜子等。

（六）卫生间

1.卫生间必须保证设施完好，标志醒目，上下水道畅通，无冒、滴、漏现象，如有损坏要及时维修；

2.定时打扫，全天保洁，通风良好，做到各种设施干净无污垢，地面无积水、无痰渍、无异味、无蝇蛆和烟头；

3.卫生用具要做到清洁、无水迹、无浮尘、无头发、无锈斑、无异味，墙面四角保持干燥，无蛛网，地面无脚印、无杂物；

4.便后及时冲水，做到手纸入篓，当天清理，便池内严禁丢弃垃圾和杂物，以免造成管道堵塞；

5.卫生间墙壁上严禁乱写乱画，严禁故意损坏卫生设施；

6.严禁把烟头扔到小便池内，以免造成堵塞；

7.不定时检查卫生纸使用情况，及时添补。

（七）食堂

1.餐桌座椅摆放整齐、桌面清洁；

2.食堂墙壁、天花板无蜘蛛网；

3.餐厅、厨房、走廊地面勤拖洗，保持无污渍、无积水、无杂物；

4.剩余饭菜不得乱倒乱扔，应倒在指定地方；

5.厨房里大件物品均放在固定位置，炉灶、菜台清洁光亮，炉灶无漏油、漏水、漏烟现象；

6.用过的餐具、炊具要及时消毒，并摆放在指定位置，保持整齐、干净，确保用餐安全卫生；

7.积极贯彻除"四害"要求，消灭苍蝇、蚊子、老鼠、蟑螂等害虫，确保用餐安全卫生；

8.厨房人员要按要求着装，佩戴口罩和帽子；

9.节约用电、用水、用气，做到及时关闭，杜绝资源浪费及安全隐患的存在；

10.非厨房工作人员，未经允许不得私自入内。

（八）产品展厅

1.做到样品摆放整齐，无灰尘、无水痕、无破损；

2.保持展厅内明亮、清洁、无异味，空气清新；

3.不得在展厅内乱堆乱放杂物；

4.未经展厅负责人同意不得随便移动样品；

5.不得故意损坏样品，造成损坏的要按原价赔偿。

三、管理规范

1.各区域环境卫生管理由相应人员负责完成，但总体由行政专员负责监督和给予评分；

2.违反以上相关规定或没有履行监督责任，第一次给予口头警告处罚，第二次给予严重警告处罚并罚款_____元，第三次起给予记过处罚并罚款_____元。

二、做好环境卫生宣传

加强宣传教育，在全公司形成"环境卫生，人人有责"的良好氛围。

① 充分利用黑板报、宣传栏等工具，大力宣传有关环境卫生的法律法规、本企业的规章制度、环境卫生标准，以及公民道德行为规范。宣传内容要定时更新。

② 通过发放宣传资料、举办健康教育讲座、举办知识竞赛等多种形式开展健康教育活动，使全体员工掌握基本的健康知识和防病知识，形成良好的卫生习惯。

③ 广泛开展全员健身活动，有条件的企业可落实工作场所工间操制度，定期为职工提供健康体检服务，开展多种形式的健康教育与健康促进活动。

④ 深入开展各种形式的禁烟、控烟活动，在室内公共场所、工作场所设置禁止吸烟警语和标志。

三、明确卫生管理职责

全公司的环境卫生管理，在总体上必须坚持"谁的区域谁包干，谁污染谁清理，员工行为由主管者负责"的原则。行政部作为环境卫生管理的职能部门，每年要制订文明卫生创建规划，并持之以恒抓好落实。

① 建立完善全公司范围内的卫生包干区管理网络，厂内通道，办公大楼楼梯、门厅及走廊由专职保洁人员打扫。保洁人员每天要高标准、高质量做好环境卫生工作，确保上述区域以及分管区域绿化带、卫生间、垃圾箱的清洁卫生。

② 各部门室内外的环境卫生由本部门负责。同时，行政部要做好各部门卫生包干区的调整、划分工作，明确责任，加强监督。

③ 各部门要认真执行公司环境卫生管理制度，把环境卫生纳入各自正常管理内容中，认真落实"门内达标，门前四包"（门内达到规范要求，门前包墙壁清洁，包地面干净，包窗户明亮，包无杂物堆放）责任制，做到文明生产、文明办公。

④ 各部门每天清扫的垃圾必须放入垃圾箱，垃圾清运工每天必须将公司所有垃圾箱清理打扫一次，做到垃圾日产日清，确保厂区环境整洁卫生。

四、维护企业生产环境

① 积极采取有效措施降低车间噪声，使噪声检测达标。

② 加强厂区、生活区下水道、化粪池的管理与疏通，使之保持正常排放，不污染环境。

③ 重点抓好"脏乱差"及卫生死角的治理。

④ 配合辖区居委会做好除"四害"工作。每年在全公司范围内开展两次灭鼠、灭蝇、灭蚊、灭蟑活动。保洁人员要负责做好生产区、生活区药物的布撒和灭杀工作。

⑤ 加强企业绿化管理。及时做好企业内树木、花草的养护。

⑥ 加强废品回收工作。各类废旧配件、废旧物品及各类包装箱应由专人负责定期处理。

五、加强检查与考核

环境卫生工作非一朝一夕之功，贵在持之以恒。为了抓好长效管理，提高全体员工的文明素质，保证企业环境始终处于卫生、整洁、优美状态，必须加大检查与考核力度，可以坚持以下两个方面的检查相结合。

1.各部门自查

各部门、车间、班组要对照公司环境卫生的相关标准，认真自查，自我整改。对自查中发现的屡教不改的员工，要列入日常管理考核重点。

2.行政部专职查

行政部要对全公司的环境卫生情况进行管理和检查考核，要将日常检查与突击检查结合，检查中发现的问题及时反馈给各部门，同时将每月的检查情况进行汇总，按相关规定对其进行考核。

【实战工具23】▶▶ - ▶▶▶

办公室卫生检查表

被检查部门：　　　　　　　　　　　　　　　检查日期：　　年　　月　　日

序号	检查标准	分值	得分	备注（不合格项）
1	办公桌椅、台柜、壁柜擦拭干净，无灰尘、污垢	10		
2	办公桌桌面整洁、资料用具摆放整齐	10		
3	电脑、打印机无灰尘、污垢	10		
4	私人物品如餐具、零食等不得摆放在办公桌桌面	10		
5	储物柜中物品摆放整齐、归类放置，无杂物	10		
6	地面、角落清扫干净，无积尘、纸屑	10		
7	玻璃无破损、无积尘，窗帘、窗台干净无灰尘	10		
8	墙壁无蜘蛛网、污迹、乱张贴物，悬挂物整齐、端正	10		
9	盆栽内无杂物并清理盆底及周边	10		
10	卫生工具等放置在规定的位置，屋角、楼梯间无杂物堆放	10		
检查员		最后得分		

第四节　推行5S现场管理

企业要想改变工作现场环境脏乱差的状况，做到物品摆放有序，环境整洁清新，完善各个职能岗位的职责，优化工作流程，提高工作效率，推行5S现场管理是一个不错的方法。

一、5S的含义

"5S"是整理（seiri）、整顿（seiton）、清扫（seiso）、清洁（seiketsu）和素养（shitsuke）这5个词的缩写。因为这5个词的日文罗马拼音的第一个字母都是"S"，所以简称为"5S"。以整理、整顿、清扫、清洁和素养为内容的活动，称为5S活动。

5S起源于日本，是指在工作现场对人员、机器、材料、方法等生产要素进行有效管理，这是日本企业独特的一种管理办法。

5S活动的对象是工作现场环境，5S活动对工作现场环境全局进行综合考虑，并制订切实可行的计划与措施，从而达到规范化管理。

5S现场管理是企业各项管理的基础活动，它有助于消除企业在生产过程中可能面临的各类不良现象。如图8-2所示，5S现场管理的过程是开展整理、整顿、清扫基本活动，总结整理、整顿、清扫活动中实施的做法形成制度化的清洁，最终提高员工的职业素养。因此，5S现场管理对企业的作用是基础性的，也是不可估量的。

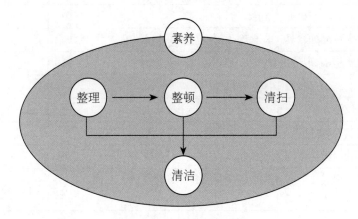

图8-2　5S现场管理的过程

二、5S现场管理的推进

1.成立5S负责小组

根据企业的具体情况，分析行政结构和人力配备，选择熟悉5S理论的精干人员，组成负责小组，并明确每个小组成员的职责。

2.制订5S活动计划

先确定企业5S活动的总体目标。行政经理可结合本企业的实际情况和发展理念，确定5S活动的方针目标；根据目标，制订切实可行的活动计划，确定5S活动的各个阶段所要完成的工作，并确定相关负责人，同时对各个阶段的时间进度作出安排。

3.员工5S理论培训

对全体员工进行培训，使其先从理论上了解5S活动，再分析本企业存在的问题，使员工认识到实施这一活动的重要性和紧迫性，使企业上下合心，领导和全体员工共同努力，推进5S活动的实施。

培训的方式可以采取讲座、座谈等多种形式，目的是要员工真正参与到这一活动中来。

4. 5S理念宣传

完成相应培训工作后，进行宣传活动可以使5S理念更加深入人心，主要的宣传手段有以下两种。

① 征集活动口号和相应标语，在征集这些口号和标语时，5S负责小组要采取广泛收集的方式，使得员工真正参与其中。

② 制作板报和宣传栏，这些日常的宣传方式，是员工最熟悉也是最容易接触到的，各个部门要组建专门的宣传小组负责本部门的板报和宣传栏，定期对内容进行更新，同时还可以设置一些讨论板块，让员工畅所欲言，使之成为真正有效的宣传阵地。

5. 5S活动推进

企业5S负责小组可借鉴其他企业进行5S现场管理的成功经验，结合本企业的实际情况，根据自身对这一理论和方法的理解，确定5S活动的推进步骤，这些步骤的确定要和前期制订的5S活动计划相一致的。

三、5S现场管理的标准

1. 整理

（1）定义

区分要与不要的物品，现场只保留必需的物品，根据需要的频率安排摆放位置。

（2）目的

① 改善工作环境和增加工作空间；

② 使工作现场无杂物，道路通畅，提高工作效率；

③ 减少员工磕碰的可能性，保障安全，提高质量；

④ 避免资料混放等导致的差错事故，便于资料查找；

⑤ 有利于减少库存量，节约资金；

⑥ 改变工作作风，调节工作情绪。

（3）做法

把要与不要的物品分开，再将不需要的物品加以处理（注意保密文件按有关制度

处理)。

（4）要点

① 建立公共资料柜，将大家都需要的资料统一存放并按业务分类，安排专人负责文档借阅登记管理工作。

② 对工作现场摆放的物品和闲置的各种物品进行分类，区分什么是工作需要的，什么是工作不需要的。

③ 对于办公室里各个工位或设备的前后左右以及办公室的各个死角，都要彻底搜寻和清理，达到工作现场无不用之物的效果。

④ 工位的摆放要整体安排，要做到便于走动、便于采光，在减少相互干扰的同时，尽量安排紧凑，节约空间，留出接待访客的空间。

⑤ 尽可能布置一些养护方便、美观的花草。

2.整顿

（1）定义

必需品依规定定位、按标准摆放，整齐有序，标识明确。

（2）目的

不在寻找物品上浪费时间，提高工作效率和服务质量，保障安全。

（3）做法

把需要的物品加以定量、定位，进行科学合理的布置和摆放，以便能用最快的速度取得所需之物，在最有效的规章制度和最简洁的流程下完成作业。

（4）要点

① 物品摆放要有固定的地点和区域，以便于寻找，消除因物品混放而造成的差错。

② 物品摆放地点要科学合理。

比如，根据物品使用的频率，经常使用的东西应放得离员工近些，偶尔使用或不常使用的东西则应放得远些。

③ 物品摆放目视化，使定量装载的物品做到过目知数，摆放不同物品的区域采用不同的色彩和标记加以区别。

比如，钥匙有很多把，如何快速找到所需钥匙，就需要将钥匙进行标记或按类分组；再如，文件、资料、报告、报纸杂志等要分类摆放，并按重要程度、使用频率区别摆放，应按年度建立文档目录；又如，电源、设备线路等要由专业人员统一规范布置，并要求所有人掌握设备、电源等的安全使用知识，最后一个离开办公室的人要做到关闭所有电源、所有窗户等。

3.清扫

（1）定义

清除工作现场内的脏污、作业区域的废弃物品及垃圾。

（2）目的

清除脏污，保持工作现场干净、明亮，使人心情愉悦。

（3）做法

去除工作场所污垢，定期按规定处理不需要的杂物、文档、书籍、报纸、杂志等。

（4）要点

① 员工自己使用的物品，如设备、工具等，要自己清扫。

② 公共设备的使用要注意掌握操作规范，由专人负责保养。

③ 清扫也是为了改善环境。员工除了自己负责自己办公桌及设备的清扫外，也要自觉维护公共环境的整洁。对于面积不大的办公室，所有人都应承担公共区域的清扫工作；对于办公面积较大的开放式办公环境，可以安排专门保洁人员清扫，但每个人必须注意个人文档资料及个人物品的保管。

4.清洁

（1）定义

将整理、整顿、清扫中实施的做法制度化、规范化，维持其成果。

（2）目的

认真维护并保持整理、整顿、清扫的效果，使其保持最佳状态。

（3）做法

通过对整理、整顿、清扫活动的坚持与深入，消除安全事故的根源，创造一个良好的工作环境，使员工能愉快地工作并提高工作效率，保障工作质量。

（4）要点

① 办公环境不仅要整齐，而且要做到清洁卫生，保证职工身心健康，提高员工工作热情。

② 不仅物品要清洁，职工本身也要做到清洁，如衣服或工装要清洁，仪表要整洁，及时理发、剃须、修剪指甲、洗澡等。

③ 员工不仅要做到外在上的清洁，而且要做到精神上的"清洁"，待人要礼貌，要尊重别人。

④ 要使环境不受污染，进一步消除工作现场空气、粉尘、噪声等污染和污染源，减少职业病。

5.素养

（1）定义

人人按章操作、依规行事，养成良好的习惯，使每个人都成为有教养的人。

（2）目的

提升人的品质，培养对任何工作都认真讲究的人。

（3）做法

努力提高员工的自身修养，使员工养成严格遵守规章制度的习惯和作风，是5S活动的核心。

（4）要点

① 明确要求，每个人都知道应该做什么。

② 要有示范，有标杆，有榜样。

③ 要有检查，有制度，有要求。

④ 要持之以恒，坚持不懈。

四、5S现场管理的实施

1.确定责任区和相应责任人

根据办公区整体的设施布局，按照办公功能进行区域划分，同时对划分好的各个区域进行标识，确定每个责任区的责任人，做到任务到区，责任到人。

2.整理和整顿

在该阶段，所有员工必须对所属区域的所有物品进行彻底整理和整顿。

在整理阶段，首先对工作场所进行全面性检查，其次区分必需品和非必需品，去掉不经常使用的物品，最后根据物品使用频率来决定具体的管理办法。

在整顿阶段，对整理后留在工作现场的物品，按照便于使用的原则分门别类定点摆放，明确数量，有效地做好相应标记。

3.清扫和清洁

在完成整理和整顿的基础上，清扫使整个办公环境处于整洁且随时可用的状态，主要活动包括扫除一切垃圾灰尘，这里要求员工亲力亲为，对清扫中发现的问题，要及时进行整修，同时查明问题原因。

清洁表现的是一种状态和结果，是对前期所有活动的外在呈现，清洁就是认真做好前面的3S，并保持，所以清洁的核心就是将前面的3S制度化和规范化，并贯彻执行。

4.素养

这一阶段是5S现场管理的最后一个阶段，也是要求最高的阶段。素养要求员工自觉遵守各类规章制度，以创造舒适有序的工作环境，更重要的是在遵守规则的过程中，要不断发现不足并加以完善，这样才能避免惰性，工作持之以恒，坚持到底。

5.制定检查和考核标准

5S负责小组可综合征求各个部门的意见，制定出对5S活动的检查标准，同时根据检查标准中的各项内容，再制定出对各个部门的考核标准，这些标准都要形成书面的检查表。

【实战工具24】 ▶▶

5S评分检查表

项目	序号	内容	标准	分值	被考核部门实际得分				
					办公室	研发部	制造部	品检室	仓库
整理	1	通道	通畅、整洁	4					
	2	作业区域	整洁、有序、无异物	4					
	3	作业台	摆放有序、整洁	4					
	4	工作现场材料、工具	只存放即时使用的材料和工具，且存放整齐	4					
	5	物料放置、周转区	规范合理、物品摆放整齐、干净整洁、保养良好	4					
整顿	1	设备、仪器	布局合理、摆放整齐、干净整洁，保养良好	4					
	2	量具、模具	分类摆放，取用方便，只摆放常用的	4					
	3	零件	摆放符合要求，标识清楚，不良品、调机品及时隔离	4					
	4	图纸、文件资料	摆放整齐、位置合理，取用方便，只摆放近期常用的	4					
	5	物品标识	任何物品标识清晰，可追溯	4					

续表

项目	序号	内容	标准	分值	被考核部门实际得分				
					办公室	研发部	制造部	品检室	仓库
清扫	1	作业现场（含通道）	定期打扫，保持清洁	4					
	2	作业台	随时整理，保持干净整洁	4					
	3	设备、工具、仪器	随时整理，保持干净整洁	4					
	4	门、窗、墙壁	定期打扫，保持清洁	4					
	5	洗手池、洗手间	定期打扫，保持清洁	4					
清洁	1	作业区域（含通道）	保持清洁，符合卫生要求	4					
	2	作业台	保持清洁，符合卫生要求	4					
	3	图纸、文件资料	保持清洁，无油污	4					
	4	饮水区（开水区）	饮具整洁，符合卫生要求	4					
	5	洗手池、洗手间	保持清洁，符合卫生要求	4					
素养	1	5S活动	积极参与和推行	4					
	2	仪表	着装符合要求，精神饱满	4					
	3	行为	文明、有教养、注重合作与团队精神	4					
	4	纪律	遵守规章制度，服从安排	4					
	5	观念	争当先进，不断进取，勇于创新	4					
合计				100					

6. 全面检查和考核

5S负责小组根据前期制定的检查标准对整个活动进行全面检查，检查过程要求深入了解实际情况，对于问题严重的，认真督促其及时改正，每次检查后的检查结果要告知区域负责人，同时利用考核标准使不同区域间形成竞争机制。

7. 员工信息反馈

在做好日常检查工作的同时，通过调查问卷、座谈会等方式，收集员工的合理化建议和意见，使整个5S活动能得到进一步的改善。

8.活动深化

推进5S活动完成"形式化—行事化—习惯化"的转变，通过强制规范员工的行为，改变员工的工作态度，使之习惯化。同时开展一系列的活动来增强员工的荣誉感，例如5S先进个人的评选，5S征文活动等。

9.5S活动总结

对5S活动中取得的成果进行汇总，同时及时解决新问题，在活动中不断检查、不断改进。将5S活动的经验整理成文档文件，以便5S工作的继续开展。

参考文献

[1] 滕宝红，陈文锋.行政办公流程控制与管理[M].广州：广东经济出版社，2005.

[2] 刘建生，樊江春.企业行政管理实务[M].广州：广东经济出版社，2006.

[3] 滕宝红.行政经理成长同步指引[M].广州：广东经济出版社，2011.

[4] 陈鹏.行政部经理管理手册[M].北京：中国时代经济出版社，2012.

[5] 滕宝红.行政经理365天管理笔记[M].广州：广东经济出版社，2012.

[6] 林淑贞.企业行政管理[M].北京：外语教学与研究出版社，2016.

[7] 敦平，徐赫.行政办公与总务后勤实用工具大全[M].北京：化学工业出版社，2016.

[8] 罗建华，游金梅.企业行政管理[M].北京：机械工业出版社，2007.

[9] 滕宝红.行政管理实操从入门到精通[M].北京：人民邮电出版社，2019.

[10] 滕宝红.行政管理一本通[M].北京：人民邮电出版社，2019.

[11] 黄安心.企业行政管理概论（第二版）[M].武汉：华中科技大学出版社，2019.

[12] 滕悦然.行政管理实用流程·制度·表格·文本[M].北京：化学工业出版社，2020.

[13] 罗建华，安四明.企业行政管理实务[M].北京：机械工业出版社，2020.

[14] 张天林.行政管理实务操作从入门到精通[M].北京：中国法制出版社，2020.

[15] 程萍，张弘.企业行政管理实训（第2版）[M].北京：中国人民大学出版社，2020.

[16] 张秋埜.企业行政管理（第3版）[M].北京：北京大学出版社，2021.

[17] 企业管理工具项目组.行政办公管理实用制度与表格范例（图解版）[M].北京：化学工业出版社，2021.

[18] 何立.培训管理实操——全程实战指导手册[M].北京：化学工业出版社，2022.